AF300159

MINISTÈRE

DE LA

POLICE GÉNÉRALE.

IMPRIMERIE GERDÈS,
10, rue Saint-Germain-des-Prés.

POURQUOI ET COMMENT

RÉTABLIR

LE MINISTÈRE

DE LA

POLICE GÉNÉRALE

PAR

M. A. BAUBE

Avocat à la Cour d'appel de Paris.

BIBLIOTHÈQUE NATIONALE

R.F.

PARIS

CHEZ AMYOT, LIBRAIRE, 6, RUE DE LA PAIX

ET CHEZ LES MARCHANDS DE NOUVEAUTÉS

AOUT 1850

1850

AVANT-PROPOS.

Ce *Mémoire* sur le rétablissement du *Ministère de la Police* était écrit en 1849. Quelques copies en furent répandues à cette époque parmi les hommes d'État. En 1850, le 7 avril, la *Gazette des Tribunaux* en publia des extraits, à l'insu de l'auteur. Cette première indiscrétion rendait nécessaire une publicité plus étendue. Toutefois l'auteur attendait que cette nécessité fût complétement justifiée par la durée même des circonstances qui avaient inspiré son travail. Or, aucun changement n'étant survenu dans la marche des choses depuis le jour où cette *note* fut rédigée, il n'est pas inutile peut-être de la rendre publique.

Toutefois on comprendra que l'impression ne reproduise pas, d'une manière complète, le manuscrit confidentiel. Dans une question de ce genre, la plume rencontre mille appréciations délicates de choses et de personnes dont la presse ne saurait s'emparer sans inconvénient. Les lecteurs attentifs, parmi les hommes surtout qui ont été mêlés aux affaires de France depuis trente ans, liront entre les lignes ce qui n'est pas imprimé. Au reste, la démonstration que l'auteur avait en vue ne perd rien de son évidence à ces sous-entendus, qui témoignent seulement de l'esprit de modération et de conciliation dont l'écrivain est animé.

A vrai dire, ce *Mémoire* ne porte pas une date

déterminée. Il eût été vrai, après le 18 brumaire, après la Restauration, après les journées de Juillet, comme il l'est aujourd'hui. Sa date, c'est le lendemain d'une révolution, quelle qu'elle soit.

En effet, les mêmes considérations qui ont motivé la création du *Ministère de la Police* en 1796, se représentent aujourd'hui. Écoutons l'historien de la révolution française :

« Pour surveiller les factions qui, obligées
« maintenant de se cacher, allaient agir dans
« l'ombre, le Directoire imagina la création d'un
« ministère spécial de la police. La police est un
« objet important dans les temps de troubles. Les
« trois assemblées précédentes lui avaient consa-
« cré un comité nombreux ; le Directoire ne crut
« pas devoir la laisser parmi les attributions acces-
« soires du ministère de l'intérieur, et proposa
« aux deux conseils d'ériger un ministère spécial.
« L'opposition prétendit que c'était une institution

« inquisitoriale, ce qui était vrai, et ce qui, mal-
« heureusement, était inhérent à un temps de
« factions, et surtout de factions obstinées et
« obligées de comploter secrètement. Le projet
« fut approuvé (1). »

La pensée de l'empereur, en confondant plus
tard la police avec la justice, était de moraliser
la première par la seconde. Il reconnut ensuite,
comme je l'explique dans ce *Mémoire*, que leur
action pouvait être également pure et utile, en
restant distincte et parallèle. Écoutons ses confidences de Sainte-Hélène sur l'idée qu'il se faisait
d'un ministère de la police générale (2) :

« Quant à ce grand échafaudage d'espionnage
« et de police, dont on a fait tant de bruit, quel
« État du continent peut se vanter d'en avoir eu
« moins que le gouvernement français ? Et cepen-

(1) M. Thiers, *Histoire de la Révolution*, tome VIII., page 180.
(2) *Mémorial de Sainte-Hélène*, vol. II, page 68.

« dant quel terrain pouvait en demander davan-
« tage que la France? Quelles circonstances le
« commandaient plus impérieusement? Tous les
« pamphlets de l'Europe se sont dirigés sur ce
« point pour rendre odieux chez autrui ce qu'ils
« cherchaient par là à cacher chez eux. Toutefois,
« ces mesures si nécessaires en principe, délicates
« sans doute dans leurs détails, n'ont jamais été
« traitées que fort en grand par l'empereur, et
« toujours d'après sa maxime constante, qu'il n'y
« a que ce qui est indispensable qui doive être
« tenté. Je l'ai souvent entendu au conseil d'État
« se faire rendre compte de ces objets, les traiter
« avec une sollicitude particulière, les corriger,
« chercher à en prévenir les inconvénients; créer
« des commissions de son conseil pour aller visi-
« ter les prisons et lui faire des rapports directs.
« Employé moi-même dans une mission de cette
« nature (dit M. de Las Cases), j'ai pu me con-

« vaincre, en effet, de tous les abus, de toutes les
« vexations des subalternes, mais aussi de toute
« l'inclination et de l'extrême désir du souverain
« de les réprimer. L'empereur voulut même, di-
« sait-il, chercher à relever aux yeux des peuples
« cette branche d'administration que flétrissaient
« en quelque sorte les préjugés et l'opinion, en la
« confiant à quelqu'un dont le caractère et la mo-
« ralité seraient sans reproche. »

La Restauration fut redevable à cette institution de la durée de son premier roi.

Charles X a pu regretter de ne pas l'avoir con-
servée, et Louis-Philippe de ne l'avoir pas réta-
blie.

Aujourd'hui (où tant de points de comparaison
existent entre l'époque du Directoire et la nôtre),
aujourd'hui, le gouvernement comprend-il que
les mêmes situations produisent les mêmes nécessités ? On a pu le croire en lisant un article publié

par un journal qu'on disait inspiré par le pouvoir :

« Aujourd'hui (lisait-on dans ce journal le 31
« mars 1850), les mêmes circonstances ne sem-
« blent-elles pas motiver les mêmes mesures?
« Les événements de ces deux années ont laissé
« après eux, sur presque tous les points du terri-
« toire, des éléments de trouble, des causes d'agi-
« tation qui réclament toute la sollicitude du
« pouvoir. La surveillance ne saurait se concen-
« trer à Paris, car le réseau révolutionnaire s'étend
« partout, et il faut, de Paris même, en suivre la
« trame sur les points les plus éloignés, et jusqu'au
« dehors. »

Et ce journal, en révélant aussi, comme la *Gazette des Tribunaux*, l'existence du *Mémoire* que
nous soumettons au public, ajoutait avec des élo-
ges qu'il nous est interdit de reproduire :

« L'historique de l'institution, la législation spé-

« ciale qu'elle comporte, l'organisation des servi-

« ces, leurs relations avec les autres départements

« ministériels, les rapports nécessaires entre la

« police générale et la justice ; toutes les questions

« de fond et de détail sont exposées dans ce *Mé-*

« *moire* avec clarté. Cette institution amènerait

« nécessairement des améliorations utiles dans la

« préfecture de police elle-même, et on pourrait

« en profiter pour introduire dans les services mu-

« nicipaux d'excellentes méthodes pratiquées en

« Angleterre pour la sûreté de la capitale, au

« moyen des policemen. Il y a beaucoup à pren-

« dre dans le service municipal de Londres.

« Un ministère de la police est une création

« temporaire ; les circonstances le rendent aujour-

« d'hui indispensable : ce sera plus tard à lui-

« même de se rendre inutile, en contribuant à

« déjouer les mauvais desseins, à prévenir les

« folles tentatives, à ranimer la confiance, à cal-

« mer les esprits. Nous avons, d'ici à deux ans,
« plus d'une épreuve à subir ; un ministère de la
« police peut rendre ces épreuves légères et faire
« beaucoup de bien, même aux partis, en les pré-
« servant les uns des autres. »

Écartons donc, avant tout, les préjugés attachés
au nom de police générale. C'est l'objet principal de ce *Mémoire*, qui propose de fonder une
institution politique plutôt que policière. Pour les
esprits étroits, la police doit s'appuyer sur la terreur ; et c'est le contraire, car c'est la police qui
empêche la terreur, en empêchant le triomphe des
factions. Avertir chaque époque des dangers qui
lui sont inhérents ; juger par les antécédents les
conséquences qu'ils entraînent ; voir de sang-froid
le mal où il est ; chercher le bien possible, et le
chercher sans intérêt de personnes ni de parti :
voilà la tâche d'une police vraiment politique.
Qu'on en fasse donc un ministère de surveillance,

pas d'espionnage; de lumières, pas de dénonciations; que la police soit impartiale et tutélaire; à ce prix, elle sera utile et honorée.

Mais surtout que l'on comprenne bien que ce ministère de vigilance préventive et d'action préservatrice doit être, sinon aveugle et sourd (il doit tout voir et tout entendre), au moins toujours muet, et, à ce titre, complétement distinct des ministères de parole, qui agissent par l'éloquence sur l'assemblée délibérante. Pas de délibérations en police. On n'explique pas, on agit. Dénoncez les résultats s'il y a lieu, mais n'interrogez pas, ne préjugez pas, n'empêchez pas. La police générale ne peut répondre que des faits accomplis. Laissez-lui sa liberté d'action, pour lui laisser le mérite de votre salut ou la responsabilité de ses erreurs.

Ce que la police générale empêche de mal est inconnu; aussi est-on ingrat facilement à son égard. Ce qu'elle n'a pu prévenir lui est amèrement reproché ; aussi est-on injuste. Il faut qu'elle se résigne. Heureuse si, après avoir efficacement agi pour le repos du pays, on se plaint, un jour, de son inaction! c'est alors son plus beau succès. .Sa récompense, après avoir été utile à la paix publique, sera de s'être rendue inutile. Ce jour-là, vous supprimerez le ministère dont nous vous demandons le rétablissement, et c'est ainsi que l'institution sera justifiée par elle-même et par vous.

TABLE DES MATIÈRES.

POURQUOI ET COMMENT

RÉTABLIR

LE MINISTÈRE

DE LA

POLICE GÉNÉRALE.

Toute révolution tend à se convertir en gouvernement, et il faut que ce gouvernement soit fort, s'il veut résister à la réaction de celui qu'il remplace et à l'entraînement des principes et des hommes qui ont présidé à sa naissance. Or, pour s'installer, pour devenir maître de la position, un gouvernement nouveau a des devoirs à remplir, des sacrifices à s'imposer : trier, avec tact, avec résolution, les idées et les personnes au triomphe desquelles il doit son existence; contenir les mécontentements que la révolution a excités et les ambitions déraisonnables qu'elle ne pourra jamais satisfaire; se préparer une situation déblayée de ruines et d'utopies; s'assimiler un personnel dégagé des regrets et des préventions du passé, ainsi que des illusions et des impatiences de l'avenir.

Il faut, pour accomplir cette œuvre de haute politique, une administration spéciale, un homme spécial, je dirais presque une législation spéciale.

C'est ce que les conseils des Cinq-Cents et des Anciens, le Directoire, le Consulat, l'Empire et la Restauration elle-même avaient compris; c'est ce qu'ils avaient constitué, dès leur naissance, sous la forme légale d'un *ministère de la police générale*.

Le gouvernement de juillet, seul, ne crut pas devoir protéger son avénement et assurer ses premiers pas par cette institution (je dirai tout à l'heure pourquoi). Mais il a dû regretter, après sa chute, d'avoir négligé cette précaution.

Je cours au-devant d'une objection trop facile pour n'être pas prévue, mais aussi peu fondée qu'elle semble naturelle : « Les gouvernements qui ont eu « recours à cette institution, comme moyen de sa- « lut, n'en ont pas moins succombé. » Sans doute, mais par des dangers autres que ceux qu'une police générale est destinée à conjurer : le Directoire, par l'impudeur des mœurs publiques ; l'Empire, sous lequel (à part le ridicule coup de main de Mallet) les complots avaient cessé, les factions n'existaient plus (et la police générale y avait contribué pour beaucoup), l'Empire a péri par l'étranger ; la Restauration, par un coup d'État. Peut-être la Restauration eût-elle été sauvée, si son ministère de la police n'avait pas été supprimé trois ans après son avénement, douze ans avant sa chute; car un ministre de la police générale, éclairé et vigilant, eût averti Charles X en 1830, comme Louis XVIII en 1816, du danger que lui faisait courir une coterie aveugle, et lui eût arraché une seconde ordonnance du 5 septembre, ordonnance de salut qui, seule, a permis à Louis XVIII de s'endormir, aux Tuileries, de ce dernier sommeil que ses deux frères n'ont trouvé que sur l'échafaud ou dans l'exil. Quant au gouvernement de juillet, qui s'est toujours refusé à créer un ministère de la police, il a reconnu, trop tard, combien l'action des sociétés secrètes avait aidé au succès de l'explosion du 24 février.

L'objection n'a donc pas de valeur, car il est évident que le ministère de la police s'est rendu fort utile aux gouvernements qui ont su s'en servir, tandis que son absence s'est fait cruellement sentir à ceux qui ont voulu s'en passer.

La situation de la république naissante, le nombre et l'attitude des partis, l'influence active et contraire de trois anciens régimes, les divisions profondes des intérêts, des esprits et des ambitions, l'acharnement des cupidités communistes et des passions révolutionnaires, tout indique qu'un ministère de la police aurait plus que jamais à rendre d'importants services, non-seulement au pouvoir établi, mais au pays et à la société. Les légitimistes, l'orléanisme, les sociétés plus ou moins secrètes, le communisme, le discrédit public et privé, la misère, les révolutions du dehors, l'étranger dont le bélier menace la porte de nos citadelles : que d'intrigues, que de dangers, que d'efforts cachés et de révoltes souterraines ! Il faudrait inventer aujourd'hui ce ministère, s'il n'avait pas existé, si les précédents et les traditions n'en avaient pas démontré l'utilité dans des circonstances analogues.

Ne commettez pas la faute de Louis-Philippe, qui s'est fié exclusivement du soin de la police générale, pour les départements, aux préfets administrateurs, et, pour Paris, à un préfet spécial, trop surchargé de détails municipaux pour se consacrer aussi assidûment qu'il l'aurait fallu à la surveillance politique que réclamaient l'ardeur des temps et l'animation des partis.

Gardez-vous également de l'erreur de la Restauration, qui crut pouvoir, au bout de trois ans et demi, supprimer ce ministère, à la veille du triomphe de la contre-révolution, triomphe qui, loin de terminer, pour elle, les épreuves et les difficultés, préparait, par ses écarts, par ses excès, la chute de la branche aînée.

Il faut rétablir le ministère de la police.

Il faut avoir le courage de dire pourquoi.

Il faut annoncer en même temps que c'est, dans la pensée du gouvernement, non pas une institution organique et fondamentale, mais une combinaison temporaire, dont l'existence sera subordonnée à la durée des circonstances qui l'auront rendue nécessaire.

Indiquons, en peu de mots, les questions que nous nous proposons de traiter dans ce *Mémoire*.

I. — Nous rappellerons d'abord les précédents; nous retracerons les phases diverses par lesquelles a passé cette institution.

II. — Nous nous demanderons ensuite quelles devraient être, dans le régime actuel, les attributions spéciales du ministère de la police; quelles lois du passé pourraient encore rester à sa disposition, et par quelles lois nouvelles il faudrait fortifier et tempérer son action.

III. — Quelle organisation faudrait-il donner à l'administration centrale et aux lieutenances ou commissariats généraux à établir dans les centres principaux de population?

IV. — Comment (et c'est là un point essentiel que l'histoire du passé conseille de bien définir), comment fixer les rapports de ce ministère avec les neuf autres départements qui ont à recevoir de lui des lumières et des informations?

V. — Quelles précautions à prendre pour assurer surtout la séparation si nécessaire de la police et de la justice?

VI. — Quelles branches des services publics actuels devraient être rattachées utilement à la haute police de l'État, pour étendre, pour élever son influence morale et son action politique?

VII. — Dans quelles limites et sur quelles ressources serait établi son budget?

VIII. — Nous écarterons ensuite les objections que quelques écrivains ont opposées, plus ou moins récemment et avec plus ou moins d'abnégation, au rétablissement de la police générale.

Quant au personnel qui devrait composer la nouvelle administration, c'est une question délicate sur laquelle on ne peut se permettre ici que de recommander, en thèse générale, au conseil et au ministre chargés d'y pourvoir, de bien se persuader que les personnes qu'on appellera aux premières fonctions de ce département ne sauraient avoir trop d'expérience, trop de précédents, trop d'habitude des affaires de ce pays, trop de connaissance des hommes qui ont figuré, depuis trente-six ans, sur la scène politique. C'est en pareille matière que l'exclusion des fonctionnaires du passé serait surtout absurde, car eux seuls peuvent éclairer le présent et l'avenir.

Une autre recommandation générale qui n'est pas superflue, si l'on en juge par quelques choix malheureux, c'est de ne confier les emplois de police même qu'à des agents qui ne se soient pas compromis par des actes que l'opinion publique réprouve. Il faut relever la police et faire honorer son intervention. C'était un préjugé de croire qu'elle ne pouvait être bien faite que par des employés peu difficiles sur leurs moyens d'action ; tout au contraire, il lui faut des hommes purs pour agir avec autorité sur les choses et les personnes soumises à son observation. C'est ainsi que la police générale rassurera le public et aura le droit de se faire écouter par le gouvernement; c'est à ce prix qu'elle exercera une influence politique, salutaire pour le pouvoir comme pour les citoyens. Un ministre de la police, qui doit se distinguer lui-même par la dignité du caractère, par la connaissance des hommes et par la double influence d'une haute raison et d'une grande considération personnelle, aussi bien que par une habileté politique éprouvée, ne saurait s'entourer que d'hommes qui se montrent dignes de sa confiance, en respectant sa responsabilité autant que la leur. Il n'y aura point là d'emploi pour la faveur; tout doit être réservé à la capacité. On reconnaîtra les intentions du ministre à ses choix, car ils auront tous, en pareille matière, une signification évidente.

Qu'on prenne connaissance des mémoires qui, à diverses époques, se rapportaient à l'organisation des ministère et direction générale de la police, on y retrouvera des noms utiles, des choix convenables. Qu'on y prenne garde; les premiers pas, les premiers actes d'un pareil ministère, décideront de ses avantages ou de ses dangers pour le gouvernement et pour la paix publique.

I.

L'historique de l'institution offre les preuves les plus éclatantes de son utilité, quand on lui donne la consistance nécessaire, et celles du danger de l'affaiblir trop, ou de la suspendre trop tôt.

Suivons-en les vicissitudes, *le Moniteur* sous les yeux.

Sous l'ancien régime, il n'y avait qu'une police de rues et de ruelles. La police politique n'était pas née, puisqu'il n'y avait point de partis politiques ; on se passionnait pour un ministre contre un autre, pour ou contre M. de Maupeou, pour ou contre M. de Maurepas ; on chansonnait la favorite ; on disputait pour Gluck où Piccini ; contre Fréron ou contre l'Encyclopédie : le guet suffisait à la police des rues ; quant à celle du gouvernement, elle se résumait dans un bulletin graveleux que l'on plaçait chaque matin sous les yeux du roi (1) pour l'amuser des scandales de boudoirs. J'ai entendu vanter la police des anciens régimes. Les hommes qui, sur la foi de quelques anecdotes passablement ridicules, s'extasient devant les prétendus tours de force de MM. de Sartines et Lenoir, devraient bien nous rendre l'état de la société d'alors, les chansons, les noëls, la corruption dont toutes les classes se faisaient gloire, ces mœurs si bien peintes par Duclos et qui respirent à chaque page des Mémoires de Bachaumont. A ces conditions, ils peuvent être certains que les Lenoir et les Sartines ne nous manqueraient pas ; c'était de la police facile et amusante. La police d'alors a-t-elle, je ne dis pas empêché, mais seulement prévu la grande révolution de 1789 ?

De 1789 à 1792, la police appartint au maire de

(1) Lisez *l'Espion anglais, la Police dévoilée*, les premiers volumes des Mémoires de Peuchet ; vous verrez à quoi se réduisait cette police.

Paris. Bailly, pur, mais faible, ne sut pas prévenir la pétition du Champ-de-Mars, et Pétion, avec son parti, prépara le 10 août.

Jetons un voile sur la police de la Convention. Le ministère, c'était le comité de salut public ; le secrétaire général, Fouquier-Tinville ; le chef du service actif, Sanson.

Dès l'an IV, au moment où l'administration publique semblait tendre à des idées d'ordre, les conseils des Cinq-Cents et des Anciens, considérant « que les attributions déterminées par la loi d'or- « ganisation des ministères (10 vendémiaire an IV) « ne permettaient pas au ministère de l'intérieur, « à raison de l'immensité de ses devoirs, de sur- « veiller la police générale qui lui était confiée, « avec l'attention que l'intérêt de la chose publique « commandait impérieusement ; qu'il était instant « de centraliser l'action de la police et d'établir « une surveillance rigoureuse qui déconcertât les « factions et déjouât les complots liberticides, » instituèrent un septième ministère sous le nom de *Police générale de la république.* (Loi du 12 nivôse an IV.)

Les attributions du nouveau ministère, détachées de celles qui étaient dévolues précédemment au ministre de l'intérieur, furent ainsi fixées :

L'exécution des lois relatives à la police générale, à la sûreté, à la tranquillité intérieure de la république;

La garde nationale sédentaire; la légion de police et le service de la gendarmerie, pour tout ce qui est relatif au maintien de l'ordre public;

La police des prisons, maisons d'arrêt, de justice et de réclusion;

La répression de la mendicité et du vagabondage.

J'ai cité les termes de la loi de nivôse, parce que cette loi d'institution a servi de modèle, à peu de chose près, aux décrets et ordonnances qui ont rétabli, à diverses époques, le ministère de la police, plusieurs fois supprimé. Après le coup d'État du 18 brumaire, coup d'État militaire qui ne prouve rien contre la police du Directoire, le premier consul, rassuré par le calme que son avénement avait rendu au pays, crut pouvoir se passer d'un ministère de la police. Il le supprima par un arrêté en

date du 28 fructidor an x et en transmit les attributions au grand juge ministre de la justice.

Il y avait dans cet acte une illusion politique et
une erreur gouvernementale : illusion de supposer
que les partis avaient abdiqué leurs intrigues (Napoléon le reconnut bientôt); erreur de croire que
la police était compatible avec la justice (j'en par-
lerai tout à l'heure).

Moins de deux ans après, le 21 messidor an xii,
l'empereur ordonna « le rétablissement du ministère de la police générale, avec les mêmes attributions qu'il possédait avant d'être réuni au ministère
de la justice. » Ce ministère reçut même une extension nouvelle, qui s'accordait avec l'agrandis-
sement effectué ou projeté de l'Empire. Quatre
conseillers d'État furent détachés près du ministre,
pour travailler chaque jour avec lui, chacun d'eux
étant chargé de la correspondance, de la suite et
de l'instruction des affaires dans les départements
qui lui étaient assignés, conformément à un état
annexé au décret.

L'Empire gardait encore, à cette époque, des
ménagements pour les formes libérales de 1791.

Aussi le décret réservait au public des garanties qui auraient été bien suffisantes, si elles avaient été observées et maintenues.

« Indépendamment des audiences du ministre (disait l'article 3), il y aura, chaque jour, une audience tenue par un des conseillers d'État, pour recevoir les réclamations des citoyens. Immédiatement après l'audience, le conseiller d'État portera les réclamations au ministre. Les conseillers d'État seront réunis par le ministre (article 4) au moins une fois par semaine. Ils discuteront, devant lui, les réclamations qui leur seront renvoyées. Le procès-verbal de ces discussions sera porté, par le ministre, à l'empereur.

On voit avec quel soin on s'appliquait à garantir la sûreté des citoyens, qui devaient se croire certains, par l'exécution de ces formalités, de voir leurs plaintes arriver promptement sous les yeux du chef de l'État.

Mais ces garanties restèrent aussi illusoires que celles qu'on avait cru trouver dans les commissions de la liberté individuelle et de la liberté de la presse, instituées dans le sein du sénat, et qui n'empêchèrent pas, la première le rétablissement des prisons d'État, ni la seconde la censure des théâtres, des journaux et de tous les écrits quels qu'ils fussent.

La police devint essentiellement arbitraire, dynastique, personnelle, non pas pour persécuter, mais pour étouffer; elle ne faisait pas de mal, elle croyait en empêcher.

La haute police ainsi conçue était l'âme du système conquérant de Napoléon; il serait puéril de le nier. Elle suivait partout la conquête pour s'établir dans les capitales occupées par nos armes ou réunies à l'Empire. Des directeurs généraux et des commissaires spéciaux s'installaient sur tous les points de l'Europe où ils avaient l'appui d'un quartier général français. C'est par les liens de la haute police, par les relations de ses agents supérieurs avec le centre commun, que le réseau impérial s'étendait sur le continent; elle y comprimait la presse; elle y préparait l'introduction de nos lois; elle y répandait même nos idées et nos mœurs; elle y étudiait la statistique des familles, pour amener ces mariages sabins qui étaient une des préoccupations de l'empereur, parce que c'était un des moyens de fusion qu'il croyait le plus efficace ; enfin, elle y fortifiait l'action du blocus continental, base du régime napoléonien.

En 1813, le nombre des directeurs généraux employés à l'intérieur, et choisis parmi des agents expérimentés, était de cinq, occupant les grands centres ; ils étaient secondés par vingt et un commissaires généraux ; dix-huit commissaires spéciaux, tant à l'intérieur qu'au dehors, étaient rattachés à ce système d'observation et de propagande ; enfin, seize auditeurs au conseil d'État étaient détachés d'un point à l'autre, selon les besoins du service. Cette puissante organisation s'appuyait, à l'intérieur, sur une autorité forte et respectée, sur le silence des journaux et de la tribune, sur des prisons d'État, sur la censure des écrits et des théâtres, enfin sur l'admiration qu'avaient inspirée les victoires de l'empereur, et, plus tard, sur le découragement que ses revers y firent succéder; seulement, Napoléon avait eu le tort de remplacer Fouché par Rovigo, c'est-à-dire la finesse politique par la dureté militaire. Ce n'est pas Fouché que Mallet eût conduit à la Force. Quoi qu'il en soit, l'institution était assez puissante pour supporter même cet échec.

Ce n'est pas la police mal faite, c'est l'exagération du système de conquête qui a renversé l'empire. N'oublions pas de mentionner comme un fait curieux pour l'histoire du cœur humain et de la politique des quarante ans qui viennent de s'écouler, que, en 1813, le chef de la censure impériale, la plus absolue, la plus ombrageuse qui ait été jamais exercée sur la littérature, sur les sciences même et les arts, enfin sur les publications de tout genre, était le même, qui, l'année d'après, dans le fameux *Nain jaune*, et, trois ans après, dans la célèbre *Minerve*, attaquait la Restauration comme ennemie de la liberté de la presse et de l'indépendance des théâtres et des gens de lettres! Telle est la morale des révolutions!

Les Bourbons, en 1814, adoptèrent une pensée fatale, celle de retourner toutes les pensées de l'empire, ou plutôt de l'empereur, et de détruire ses œuvres, seulement à raison de leur origine. Ils substituèrent au ministère de la police une simple direction générale, eux qui, en butte aux mécontentements d'une armée vaincue, aux exigences de l'étranger vainqueur, et au conflit de l'émigration et de la révolution remise en présence, avaient besoin plus que jamais, plus que personne, de fortifier la haute surveillance de la police et de contenir tant de passions opposées.

Étourdis par les clameurs factices de la rue, par les mouchoirs blancs des croisées et par l'encens des salons de leurs amis, ils crurent désormais superflue l'intervention de la police, même celle de la préfecture, dont ils détruisirent l'unité, pour la partager entre trois administrateurs, qui affectaient une importance et une indépendance destructives de tout bon service. Ils confièrent, en même temps, la nouvelle direction générale à un fort honnête homme, ancien constituant, assez pauvre d'esprit, qui fit du sentiment, et qui nous enseigna, dans une circulaire, que la police devait se répandre, comme *une goutte d'huile,* dans les ressorts de la société. La comparaison n'était pas heureuse, car c'était dire que la police faisait tache. Mais il paraît que ce fut, au contraire, la conspiration qui s'introduisit dans les rouages de la police, puisqu'on fit parvenir à Paris, sous son contre-seing, les correspondances de l'île d'Elbe. Les pamphlets et les caricatures publiés dans les cent jours ont rendu trop populaires les bévues de cette police, aussi fanfaronne qu'imprévoyante, pour qu'il soit utile de les rappeler à quiconque connaît un peu l'histoire de notre temps. Le directeur général apprit après le roi, et par le roi, le débarquement de l'empereur à Cannes.

Aussi le premier soin de Napoléon, rentré aux Tuileries, en mars 1815, fut de rétablir le ministère de la police et de rappeler le ministre spécial, M. Fouché, duc d'Otrante. On a beaucoup égaré l'opinion sur le compte de ce personnage. Ce n'est pas ici le lieu de faire son apologie ni sa biographie. Mais nous avons pris connaissance de quelques écrits inédits sortis de sa plume, et qui rectifieraient le jugement public à son égard. Nous invoquerons, dans ce mémoire, son opinion et son témoignage sur la destination d'une bonne police.

Après les cent jours, le roi Louis XVIII, mieux avisé qu'en 1814, conserva le ministère et le ministre de la police, et ce dernier ne fut même arraché du pied du trône que par la faction qui, en 1819, songeait bien à arracher la couronne de la tête de Louis XVIII lui-même, et qui, en 1830, par ses provocations et ses insultes envers le pays, fit détrôner Charles X.

Toutefois Louis XVIII, en se laissant enlever son ministre (le duc d'Otrante), n'accepta pas celui que l'ultracisme lui présentait (M. de Vitrolles). Ce fut à l'école de l'empire qu'il alla chercher le successeur de Fouché, éprouvé déjà comme préfet de police. M. Decazes, ex-conseiller à la cour impériale de Paris, fut choisi par le roi, et l'on sait comment le nouveau titulaire parvint à faire de son ministère le plus important de tous et la véritable présidence du conseil.

La France était occupée à poste fixe par cent cinquante mille soldats étrangers. Le parti bonapartiste était puissant par ses souvenirs et intéressant par les persécutions que les ultra-royalistes exerçaient contre lui partout où ils possédaient quelque autorité. Les émigrés étaient ingouvernables, le clergé avide de pouvoir et d'argent. Le trésor était

obéré, l'armée mécontente, l'industrie en souffrance ; la cour n'inspirait que des ombrages. C'est
par le sentiment de ces difficultés que le ministère
de la police crut devoir retirer à lui l'influence et
l'action politiques. Ce fut lui qui provoqua, qui ar-
racha l'ordonnance du 5 septembre 1816, triomphe
de la nation nouvelle sur tous les anciens régimes,
et de là classe moyenne sur celle qui se croyait encore privilégiée. Ce fut lui qui formula la loi d'élection du 5 février 1817, si favorable à la représenta-
tion des intérêts réels du pays, et si ruineuse pour
les passions contre-révolutionnaires. Ce fut lui qui
dota le pays d'une loi de recrutement, dont le
principe national a survécu et survivra aux révolutions d'en haut et d'en bas. Enfin, quand ces trois
grandes garanties furent obtenues, quand l'étranger
se fut éloigné du sol français, le ministre de la
police, regardant sa mission d'ordre et de paix
comme terminée, abdiqua son pouvoir et prit en
main la direction du ministère de l'intérieur, pour y
couronner son œuvre par la rénovation, toute libérale, de la chambre des pairs et par le rétablissement
des expositions de l'industrie. La première de ces

expositions, celle de 1819, justifia, par les résultats les plus évidents, les plus féconds, quatre années de courage, de patience, de sagesse et de bonne administration. Qu'on ne prenne point cela pour un panégyrique ; c'est de l'histoire, et il faut bien rétablir les faits, à une époque où on les dénature avec tant d'ignorance et de mauvaise foi.

Je reprends l'historique de l'institution ; les réflexions trouveront leur place plus loin.

Le ministère de la police, supprimé le 29 décembre 1818, n'existait donc plus quand le crime de Louvel livra la France à la contre-révolution. Est-ce à dire que ce ministère, s'il avait survécu, aurait empêché ce forfait ? Je ne le crois pas. Louvel était seul. Il n'avait ni complice, ni confident. Un homme est toujours maître, à ces conditions, de la vie d'un autre homme, surtout quand il a fait d'avance le sacrifice de la sienne. Rien ni personne ne pouvait donc arrêter le bras de Louvel. C'est un incident qui ne prouve rien contre la police.

Après la retraite de M. Decazes, qui n'avait conservé, dans le département de l'intérieur, que quatre bureaux de police administrative, subordonnés au secrétaire général, et, dans les départements, deux lieutenants de police, onze commissaires généraux et quatre commissaires spéciaux, le parti triomphant reconstitua une direction générale de haute police, confiée d'abord à un homme honorable, M. le baron Mounier, que ce parti désavoua promptement, parce qu'il n'en obtenait pas satisfaction pour ses rancunes.

M. Mounier eut bientôt pour successeur l'un des coryphées de la congrégation, M. Franchet, esprit borné, mais fanatique et docile instrument des plus mauvaises passions de la faction des ultras. On connaît ses œuvres. Loin d'avoir empêché la révolution de 1830, cette police d'inquisition y aida merveilleusement par ses tracasseries, par ses violences. M. Franchet, directeur-ministre non responsable, se permettait tout au profit de la congrégation : c'était l'apôtre de l'article 14, et il le pratiquait dans sa police intolérante avant que Charles X l'appliquât à la législation. Ce qu'on peut dire des deux directions générales de M. Mounier et de M. Franchet (au point de vue de la question traitée dans ce *Mémoire*), c'est que M. Mounier, ministre, aurait eu plus d'autorité pour se défendre contre les entreprises de la faction, et que M. Franchet lui-même, ministre à son tour, eût été contraint de se tenir plus strictement dans la légalité, puisqu'il eût été responsable.

Les bureaux de la direction de M. Franchet étaient peu nombreux. La congrégation, répandue partout, y suppléait amplement par des rapports d'amateurs. D'un autre côté, la préfecture, confiée également à un dévoué de la faction, faisait plus de police politique que de police administrative. M. Franchet, à l'exemple de tous les hommes de sa confrérie, cachait beaucoup de pouvoir sous beaucoup d'humilité; je crois même qu'il avait décliné le titre de directeur général : il n'était chef que d'une direction, toute courte comme sa robe!

Ici se termine l'historique des *ministère* et *direction* de police générale. Après 1830, et jusqu'en 1848, il n'a plus existé qu'une simple *division* de sûreté, rattachée au ministère de l'intérieur. J'en dirai les causes.

La cause première, c'est que le gouvernement tout entier était transporté à la tribune; c'est que les ministres de la parole, fiers de leurs triomphes, affectaient un dédain superbe pour l'action ; il n'y avait d'action réelle pour eux que l'éloquence. *Je méprise les faits*, avait dit, en 1815, leur maître à tous, M. Royer-Collard. C'était la religion des doctrinaires. Hélas! et ce sont les faits qui gouvernent le monde! Les discours sont impuissants aujourd'hui, justement parce qu'on n'a pas su faire marcher de front les faits et les idées, c'est-à-dire tenir d'une main ferme les deux rênes du gouvernement des États. La force a vaincu l'intelligence; les masses ont remplacé l'unité de pouvoir. « A quoi « bon la police (disaient les hommes d'État de 1830 « à 1848), en présence de la liberté des journaux « et de la tribune? Quand la presse transpire, per— « sonne ne conspire. » C'était là un des arguments favoris de tous les hommes d'État qui, depuis 1830, combattaient le rétablissement du ministère de la police générale. M. Duchâtel ne croyait pas à la haute police politique. Il s'en fiait à la police des rues, dirigée par M. Delessert, et à celle des corps de garde, faite par les tambours de M. Jacqueminot. On sait ce qui en est advenu.

Une cause plus vraie, parce qu'elle est puisée dans le cœur humain, c'est que les ministres parlementaires, qui empruntaient leur puissance à la tribune, ne se souciaient guère de partager leur influence avec un ministre spécial, dégagé de tous les soins administratifs, et qui aurait le temps de se faire une position à part, formidable pour ses collègues, telle qu'avait été, en effet, celle de M. Decazes sous le règne de Louis XVIII. Comme il était convenu que l'influence sur les deux chambres s'exerçait, collectivement ou séparément, par les deux ministres des affaires étrangères et de l'intérieur, ce dernier ne pouvait admettre en tiers un ministre purement politique qui se serait constitué aux dépens de ses attributions les plus importantes. On ne manquait pas de rappeler les exemples du passé. Quand Louis XIV créa des lieutenants de police (presque ministres), il voulut qu'ils ne s'occupassent que des filles, des boues et des lanternes, et le premier lieutenant de police, M. de la Reynie, resta dans cette limite. M. d'Argenson, qui vint après, sentit tout le crédit qu'il pouvait donner à sa place. Il en fit un vrai ministère, se fit rechercher par les deux partis qui divisaient la cour de Louis XIV dans les dernières années du règne, devint garde des sceaux sous le régent et fit ses deux fils ministres. Depuis M. d'Argenson, on s'était habitué à aller chercher les ministres à l'hôtel de la police. M. Berrier, homme très-médiocre, en fut tiré pour devenir ministre de la marine qu'il laissa tomber. M. Bertin fut lieutenant de police avant d'être contrôleur général. M. de Sartines arriva aussi au ministère de la marine, à laquelle il était entièrement étranger par ses connaissances. M. Lenoir fut chargé des plus importantes missions, entre autres de l'examen du traité de commerce avec l'Angleterre, et, sans la chute de M. de Calonne, il allait remplacer M. de Breteuil. La franche et découverte ambition des lieutenants de police n'était peut-être pas ce qu'il y avait de plus dangereux. Ils l'accompagnaient souvent de sourdes intrigues. Une cabale voulait-elle perdre un ministre? L'intendant des postes montrait au roi de prétendus extraits de lettres où l'on se plaignait de ce ministre;

le banquier de la cour disait que, en le gardant, on s'exposait à lui faire perdre son crédit, et le lieutenant de police arrivait, déclarant qu'il ne pouvait répondre de la tranquillité de la capitale. Lorsqu'on voulut faire renvoyer M. Turgot, qui plaisait au roi, on joignit à cette manœuvre la révolte des grains, et M. Lenoir fut généralement accusé d'y avoir donné les mains.

Ajoutons à ces motifs (que les ministres de la parole alléguaient contre un ministère d'action) les répugnances des importants de la chambre et de l'administration, qui exploitaient leur vote ou le crédit de leurs amis au pouvoir, et qui continuaient à entretenir au sein du gouvernement cette fatale pensée que tout résidait dans le parlement; que le pays légal était toute la France; qu'il n'y avait rien au-dessus de la majorité ni derrière la minorité; illusions et erreurs démenties par la révolution du 24 février.

Plusieurs fois, des hommes expérimentés (et, chose remarquable, un ministre de la justice) insistèrent près du roi Louis-Philippe pour obtenir l'institution d'un ministère de la police. Le roi, confiant dans *sa* majorité, dans *son* armée, dans *sa* garde nationale, s'y refusa toujours, et les sociétés secrètes triomphèrent de la royauté.

N'y a-t-il pas là des leçons évidentes, une éclatante moralité?

Tous les gouvernements périssent par l'excès de leur principe. Ne parlons ici que des gouvernements issus de notre grande révolution.

La Convention, s'étant appuyée sur la terreur, a été décimée et détruite par une contre-terreur non moins impitoyable; l'échafaud a dévoré ses constructeurs.

Napoléon, tout-puissant par l'épée, a péri par l'épée. Son origine le condamnait au rôle de conquérant; il a subi le retour des conquêtes.

La restauration de la branche aînée en était venue, au nom du principe de la légitimité, à se croire au-dessus des lois; le droit divin, pour elle, était supérieur au droit humain. Elle a confisqué la charte, en vertu de la souveraineté de l'article 14 et du principe d'octroi; elle y a succombé.

L'établissement de la branche cadette, fondé sur la majorité de 221 voix qui l'avaient proclamé, est tombé sous cette fiction des majorités parlementaires, poussée à l'excès, principe fondamental sur l'appui duquel le trône se croyait inébranlable. C'est sa foi dans la majorité légale qui l'a perdu.

Le gouvernement de février a proclamé la souveraineté absolue du peuple; il a abusé de ce mot et de cette chose, et c'est le suffrage universel qui a renversé ses auteurs.

Que le gouvernement de 1850 étudie mieux sa situation.

Il faut qu'un gouvernement se défende lui-même contre l'excès possible de son principe; il faut qu'il se gare de ses amis comme de ses ennemis. Or, comme toutes ses institutions, tous ses agents directs, toutes ses tendances sont dans le sens de ce principe, il tombera du côté où il penche, s'il n'existe pas une autorité neutre, impartiale, vigilante, éclairée, attentive au mouvement des affaires et de l'opinion, qui avertisse à propos le pouvoir, qui lui signale les écueils, qui empêche ses écarts : telle est, telle doit être la première mission d'un ministère de la police, dans un État naissant, où se heurtent des partis divers, et où s'agitent les débris de plusieurs anciens régimes. Il s'agit de faire la police du gouvernement aussi bien que celle des complots, de guider ou redresser sa marche, de contrôler son personnel (chose si importante et si négligée)! C'est là une occupation toute morale, toute politique, qui demande qu'un grand esprit s'y consacre exclusivement, un esprit dégagé, par conséquent, des préoccupations de détail qu'occasionnent à un ministre des fonctions administratives, des signatures, des audiences, des assemblées, mille autres servitudes incompatibles avec ce rôle permanent d'observateur et de conseiller. C'est là moins encore de la police que de la politique; c'est presque de la philosophie. Il ne faut pas être dupe des mots. Qu'on me permette une digression, une anecdote, parce qu'elle est significative.

C'est une erreur de croire que les agents d'un ministère de la haute police ne puissent être employés qu'à surveiller des opinions, des complots, des associations. La plupart des hommes qu'un ministre de la police générale investit de sa confiance doivent être parvenus à l'obtenir par des qualités remarquables, au premier rang desquelles le ministre place naturellement la sagacité, la connaissance du cœur humain, et une présence d'esprit qui ne se laisse jamais surprendre. Aussi de 1806 à 1828, plusieurs d'entre ces hommes, qui joignaient à ces avantages ceux d'une instruction littéraire ou scientifique fort distinguée, étaient-ils admis à présenter au gouvernement, par l'entremise du ministre, des conseils souvent fort éclairés, des idées souvent ingénieuses. On trouverait, dans les correspondances de ces agents d'élite, des *mémoires* fort bien pensés, fort bien rédigés sur toutes les questions de gouvernement et d'administration. D'autres, plus spécialement agents d'exécution, se faisaient remarquer par l'invention, heureuse et prompte, d'expédients quelquefois très-utiles pour le bien de l'État ; je ne veux en citer ici qu'un exemple qui prouvera que les instruments bien choisis d'un pareil ministère sont aptes à rendre des services de toute autre nature que des services de police vulgaire.

On se rappelle que le département de l'Isère élut, en 1819, l'abbé Grégoire au nombre de ses députés. Louis XVIII se montra fort irrité de ce choix, dans lequel il voyait une insulte à la royauté, à la religion, et aux Bourbons spécialement (l'abbé Grégoire avait voté la mort de Louis XVI; il avait pris rang parmi les évêques constitutionnels; il avait repoussé de tout temps le retour de la dynastie); c'était donc une triple injure pour le roi, au point de vue où il se plaçait. Aussi Louis XVIII déclara formellement à ses ministres qu'il n'ouvrirait pas la session en personne, si l'abbé Grégoire devait se présenter à la séance royale pour y prêter serment selon l'usage. C'était embarrassant pour le cabinet, car jamais la chambre n'avait été ouverte par commissaires, et l'absence du roi, surtout quand on en connaîtrait la cause, produirait un effet fâcheux sur l'assemblée et sur l'opinion. Tous les efforts des ministres se réunirent donc pour dissuader l'abbé Grégoire de paraître à la séance d'ouverture; mais, plus on faisait de démarches près de lui dans ce sens, et plus il comprenait l'importance qu'on y attachait, plus aussi il s'obstinait à déclarer que c'était un devoir pour l'élu du département de l'Isère de se rendre exactement à son poste, et de justifier ainsi l'intention que ses électeurs avaient eue sans doute, en l'envoyant à la chambre, l'intention secrète ou avouée de protester contre les Bourbons !

Les choses en étaient encore là, le jour même de l'ouverture de la session, quelques heures avant la séance. M. le baron P......., M. le duc de B......., d'autres grands personnages avec lesquels M. l'abbé Grégoire était habituellement en relation, avaient échoué contre l'obstination du vieillard. Au dernier moment on se rappela qu'un des agents confidentiels du ministère entretenait quelques rapports avec l'abbé Grégoire comme horticulteur. On envoya chercher cet agent ; on lui fit connaître la difficulté, et, après quelques moments de réflexion, il entreprit (et il promit presque) d'obtenir ce que tant de notabilités n'avaient pas obtenu ; il partit sans indiquer ses moyens d'exécution, s'engageant à rendre une réponse définitive avant midi, afin que le roi sût à quelle résolution il devait s'arrêter.

Cet agent rentra chez lui avant de se rendre chez l'abbé Grégoire ; il prit des armes qu'il cacha sous ses vêtements. Arrivé chez l'abbé, il le trouva dans son oratoire, occupé à dire une messe (car l'abbé, ancien évêque, avait conservé l'habitude d'officier chez lui). Le nouveau venu s'agenouilla derrière l'officiant jusqu'à la fin. Quand M. Grégoire rentra dans son appartement, le visiteur se présenta : « Monseigneur, lui dit-il (on nommait ainsi les évê-« ques, même constitutionnels), monseigneur, j'ai « été heureux de voir que vous vous prépariez, par « la sainte messe, à une démarche courageuse, et « au martyre peut-être ! Aussi j'ai joint mes prières « aux vôtres avec ferveur. Ce matin, j'ai appris « qu'un complot était formé contre vous, parmi les « gardes du corps, qui devaient exercer des vio-« lences sur votre personne, quand vous vous pré-« senteriez à la chambre, et vous fermer la porte de « la salle, dussent-ils vous ouvrir les croisées de « l'escalier; je me suis assuré de leur résolution. « Alors, j'accours pour vous offrir mon bras; nous « entrerons ensemble; j'ai pris des armes, voyez (et « il entr'ouvrait sa redingote); comptez sur moi, et « acceptez mon bras et mon dévouement. Je vais « vous attendre. » L'abbé n'avait pas entendu ce discours sans émotion et sans réflexion. « Mais, êtes-« vous bien sûr, mon cher monsieur, qu'on en

« vienne à ces extrémités? — J'ai vu, j'ai entendu;
« ils sont plus de quarante qui se sont engagés à
« empêcher que vous paraissiez devant le roi. J'a-
« vais la pensée de prévenir l'autorité; mais il est
« tard; ils sont déjà, sans doute, autour de la
« chambre, et, d'ailleurs, ils désobéiraient même
« au roi, et, à plus forte raison, au ministre qu'ils
« accusent de votre élection. Venez donc. C'est en-
« core un beau sacrifice que nous ferons, vous et
« moi, vieux patriotes, à la cause libérale. Dès que
« les coups de feu se feront entendre, la gauche se
« levera sans doute en masse pour nous secourir; il
« pourra résulter de cet incident quelque chose
« d'heureux pour la France! N'hésitez pas, mon-
« seigneur. »

Monseigneur n'hésitait pas, en effet, mais à rester chez lui. Il se retrancha dans de nobles sentiments : « Il ne voulait pas sacrifier un ami si
« dévoué; il ne voulait pas exposer la gauche elle-
« même aux violences des séides de la royauté; il
« y aurait sans doute du sang, et il en avait hor-
« reur! etc. » Je supprime le reste de la conversation, et, avant midi, comme il l'avait promis, l'a-

gent vint dire au secrétaire du ministre : « Que le
« roi aille à la chambre; le ministre peut lui donner
« l'assurance que M. l'abbé Grégoire ne s'y présen-
« tera pas. »

Il en fut ainsi. M. Grégoire s'abstint; la peur fut
plus persuasive que l'éloquence et la politique.

Assurément, il y a, dans un expédient si promptement imaginé, si adroitement mis en œuvre, une
connaissance parfaite du cœur humain. Nommera-
t-on cela un tour de police? En ce cas, hâtez-vous
de rétablir un ministère qui peut rendre de pareils
services, souvent précieux pour la paix publique.

Je le répète, la police comme je l'entends, comme
la veut l'époque où nous vivons, c'est une haute
observation politique qui veille au repos public et
qui se préoccupe autant de la liberté que de l'ordre. Quand un canal coule pour le commerce et
l'industrie dans les fossés de l'ancienne Bastille,
quand l'hôtel Fouché-Rovigo (du quai Malaquais)
est rasé, quand la tribune et la presse sont libres,
il faut comprendre que la police d'inquisition et de
compression est finie. Il ne faut pas en conclure,
comme les ministres parleurs, que toute police est

désormais inutile; au contraire, il faut reconnaître
que la police vraiment politique est plus nécessaire
que jamais, c'est-à-dire celle qui s'applique à étudier le mouvement des esprits, à recueillir les vœux
généraux, à pressentir l'instinct national. Ne nom-
mez pas cela de la police, si vous voulez; c'est de la
prévoyance, de la prudence, de la conservation.
Cette sorte de police s'attache à discerner l'opinion
de tous, et non pas à épier les opinions de quelques-uns; elle sera d'autant plus vigilante, d'autant
plus pénétrante, qu'un gouvernement républicain a
besoin, plus-qu'aucun autre, de bien connaître et
de consulter les idées et les sentiments du public,
car, enfin, c'est le gouvernement du pays par le pays.

Auxiliaire des institutions, gardienne de la volonté populaire, conseillère d'un pouvoir loyal,
cette police exercée ostensiblement par les fonctionnaires, par les corps constitués, électifs ou non, qui
expriment, à quelque degré que ce soit et sur tous
les points du territoire, des pensées de bien public,
s'exerce en même temps, mais en secret, par des
agents sûrs, impartiaux, inconnus, ce qui les sous-
trait à toute influence; car c'est du concert de tous

ces avertissements, de toutes ces manifestations de vues et d'intérêts, que résulte un cri public qui excite, qui retient, qui blâme, qui approuve, qui éclaire le pouvoir.

C'est là cette voix générale que saura entendre et comprendre un ministre attentif à la recueillir, et qui, pour bien accomplir cette mission toute morale, toute méditative, devra rester libre de toute servitude d'affaires et de détails. Ce n'est, pour ce ministre, qu'une question de tact, une œuvre de sagacité, et c'est ainsi qu'en apprenant au pouvoir le respect de l'opinion, il apprendra à l'opinion le respect du pouvoir. Voyez, en effet, par l'exemple du passé, comment la haute police, dirigée dans des voies plus ou moins nationales et libérales, peut faire beaucoup de mal ou beaucoup de bien. C'est un ministre de la police qui a sauvé le règne de Louis XVIII par l'ordonnance libérale du 5 septembre 1816 ; c'est une police fanatique qui a précipité la chute de Charles X par les ordonnances absolutistes du 25 juillet 1830.

L'action de ce ministère, tel que nous le comprenons, ne se révèle donc que par la paix publique,

par l'ordre qui règne dans le pays, par la protection assurée à tous, par les secours procurés à toutes
les souffrances, par les encouragements et les ré-
compenses réservés à tous les mérites, par l'utile
direction imprimée aux travaux de l'esprit et aux
œuvres d'art, enfin, par cette confiance calme et
réfléchie qui prouve et qui produit tour à tour le
sentiment du bien-être général. J'expliquerai plus
loin comment et pourquoi je désire que l'on ré-
unisse à la haute police de l'État l'administration
de l'assistance publique et les directions des beaux-
arts, des lettres et de la librairie. Il y a, dans ces
diverses attributions, des liens inaperçus en apparence, mais très-réels au fond. Ce sont aujourd'hui,
dans un gouvernement républicain, des annexes
aussi nécessaires que l'étaient, sous les polices d'inquisition, celles des prisons d'État et de la censure;
car c'est par une sage direction donnée à l'esprit littéraire d'une époque, c'est aussi par des secours dis-
tribués avec discernement qu'on prévient beaucoup
d'aberrations et de malheurs. Il faut combattre les
sophismes, il faut soulager la misère : ce sont là deux
grands moyens de police, et de la meilleure police !

II.

Demandons-nous maintenant :

Quelles doivent être, dans le régime actuel, les attributions du ministère de la police générale?

Quelles lois du passé peuvent rester encore à sa disposition?

Par quelles lois nouvelles faut-il fortifier et tempérer son action?

Le caractère général de cette institution est, en effet, tout autre sous un gouvernement républicain que sous un gouvernement despotique. Il y a donc à tenir compte d'une différence fondamentale. Sous un monarque absolu, la police générale a pour premier objet de contenir la liberté au nom du pou-

voir; dans un gouvernement libre, sa destination
est de combattre la licence au nom de la liberté.
Sous le premier régime, la police est arbitraire et
violente; sous le second, elle peut devenir légalement exceptionnelle, mais elle reste forcément modérée. Absolutiste, elle étouffe la lumière, parce
qu'elle la redoute; républicaine, elle la ménage,
parce qu'elle la subit. On peut tout craindre d'elle
sous un maître, on ne peut qu'espérer en elle sous
la loi. Enfin, dans la monarchie absolue elle défend
un homme contre tous les autres; dans un État libre
elle protége la société contre les factions ou contre
un usurpateur.

Considérée à ce point de vue, la police se dégage
donc des préjugés et des préventions que son nom
réveille toujours, et, à ce titre, elle mérite la confiance publique; à ce titre, il ne faut, pour déter-
miner ses pouvoirs, que les diriger dans le sens de
l'intérêt général, au lieu de les laisser s'égarer,
comme à d'autres époques, dans un intérêt parti-
culier. L'épuration raisonnée de la législation passée est la conséquence naturelle et facile de cette
situation toute nouvelle.

Ainsi, retranchez hardiment de la loi du 12 nivôse an iv tout ce qui semble menacer les personnes
et la presse de mesures discrétionnaires ;

Abolissez complétement le décret du 3 mars
1810 sur les prisons d'État, décret de bon plaisir
et d'ancien régime ;

Maintenez tout ce qui se rapporte à la police mu-
nicipale dans les lois, décrets et arrêtés des 12 messidor an viii, 3 brumaire et 25 fructidor an ix,
22 germinal an xi et 21 messidor an xii.

Mais, en même temps que vous répudierez les
armes que le despotisme seul pouvait manier, de-
mandez hardiment à la liberté les moyens légaux
dont elle seule peut se servir contre l'anarchie ; il
y a urgence, il y a droit. La république qui ordonne,
qui agit au nom du peuple, peut réclamer, peut
exiger plus de garanties que la monarchie. Pas d'arbitraire, mais de l'autorité ! La république a supprimé la peine de mort, et l'humanité lui en rend
grâce ; mais par cela même qu'elle a renoncé au
châtiment, elle doit fortifier la prévention. En s'é-
pargnant la douleur de punir, elle s'impose l'obli-
gation d'empêcher. Grâce pour les individus, mais

protection à la société! La déportation est donc le corollaire obligé de l'abolition de la peine de mort.

Sous l'empire des codes existants, la déportation est une peine afflictive et infamante. Si l'on en fait, aujourd'hui, moins une peine qu'une préservation, je pense qu'il faut lui enlever ce caractère d'infamie, et surtout quand on l'appliquera aux crimes politiques; car, après l'expérience de ces soixante années, durant lesquelles les retours de la fortune ont été si brusques, si violents, si imprévus, à qui appartient-il désormais de flétrir les opinions? Les vainqueurs et les vaincus ont si souvent changé de rôle et de place que, s'ils ont le courage de se proscrire tour à tour, ils n'ont plus, du moins, le droit de se déshonorer! C'est donc sous cette réserve expresse que la déportation peut remplacer la peine de mort.

Ajoutons qu'il n'est pas permis non plus de convertir la déportation en une prison perpétuelle, comme on le faisait sous les deux derniers régimes; car on ne peut pas ôter le mouvement, l'air et le jour à ceux que les juges n'en ont pas privés. Il n'est pas permis davantage de choisir pour lieu de déportation un pays pestiféré, comme on a osé le faire sous le Directoire, en envoyant mourir à Sin-namary des hommes généreux, du milieu desquels bien peu sont revenus, l'un d'eux, entre autres, que nous avons vu depuis garde des sceaux, mi-nistre de la justice, premier président de la cour des comptes, et l'un de nos premiers légistes !

Ce sont là deux amendements essentiels à intro-duire dans le régime de la déportation.

Je n'admets pas davantage la transformation arbitraire de la déportation prononcée par juge-ment en une transportation ordonnée par mesure administrative. C'est une triste invention de l'année 1848. On ne doit pas, au nom de l'ordre, adopter des mesures révolutionnaires, et c'en était une dont on n'avait pas d'exemple depuis plus de cinquante ans. Le gouvernement a voulu plus tard réparer en partie cette faute, en dirigeant sur l'Algérie les transportés de Belle-Ile. Mais il arrive, en ce cas, ce qui arrive toujours, qu'une faute ne se répare que par une autre faute ; et c'en est une, en effet, de disséminer sur le sol d'une colonie nouvelle, dont les premiers habitants sont restés étrangers aux troubles et aux divisions de la métropole durant l'année 1848, de nouveaux venus, animés de passions et de ressentiments peut-être, qu'ils peuvent propager à travers la colonie et jusqu'au sein de l'armée africaine.

C'est là une question de gouvernement que M. Dufaure a trop perdue de vue quand il a proposé son projet de transportation. Mieux vaudrait cent fois pour l'Algérie, comme pour la France, rendre ces prévenus (car on ne peut pas les appeler des condamnés) à leurs familles et à leurs foyers, où leurs rancunes s'éteindraient par la reconnaissance, par le sentiment de la paix publique, et, dans tous les cas, seraient surveillées de plus près (1).

(1) Nous avons vu avec plaisir cette opinion partagée par un journal (*la Patrie*, n° du 18 décembre 1849) qu'on ne peut accuser d'avoir voulu en cela faire acte d'opposition au ministère, et qui s'exprime ainsi : « L'idée de transporter les insurgés de juin en Algérie n'a pas été accueillie favorablement. Notre jeune colonie a eu le bonheur de rester étrangère, depuis février 1848, aux agitations de la métropole; on verrait avec peine jeter sur son sol les ferments qui ont troublé celui de la mère-patrie. Le projet de loi propose de faire une situation à part aux colons de ce genre : c'est d'abord une chose difficile à

D'autres moyens d'influence et d'action devront être assurés à un ministère de la police générale, devant deux nécessités trop évidentes.

La première, celle de suppléer aux révélations du journalisme au moyen d'observations éclairées et sûres qui constateront le mouvement des esprits et l'état de l'opinion publique, à mesure des entraves que les tendances actuelles apportent successivement à la liberté de la presse.

La seconde, une surveillance plus nécessaire que jamais à exercer sur les intrigues étrangères qui se multiplieront dans notre pays, en proportion des ombrages que nos institutions inspirent aux gou-

réaliser; mais, en la supposant même accomplie, la surveillance sera fatigante, et l'isolement entretiendra ces colons exceptionnels dans des sentiments et des rancunes peu favorables à l'esprit d'harmonie qu'il faut établir dans un État nouveau. Supposez, au contraire, que ces hommes soient disséminés sur le territoire français, où nous avons aussi des colonies agricoles à établir, ils seront soumis à une surveillance plus facile; apaisés par le voisinage de leurs familles; éclairés, convertis par le spectacle de la paix publique; rattachés par le travail à la patrie et à ses lois. En Algérie, ils peuvent agir défavorablement sur la population actuelle; en France, c'est la population qui agira sur eux. »

vernements européens, et des encouragements que ces gouvernements hostiles ou douteux puisent dans les triomphes qu'ils ont remportés sur leurs propres sujets.

Dans le premier cas, ce n'est pas aux agents subalternes des préfectures qu'on peut sé fier du soin d'étudier les classes élevées, dans le sein desquelles il faut saisir la haute opinion publique. Ces agents, confondus avec ceux qui surveillent les crimes et les délits, ne sont pas d'un ordre assez distingué pour pénétrer dans les cercles, dans les salons, dans les cabinets où ce genre d'observation politique doit s'exercer. C'est un ministre seulement qui peut donner la direction et offrir un rendez-vous sûr et confidentiel à des observateurs de cette classe.

Dans le second cas (la surveillance à exercer sur les intrigues étrangères), il y a deux modes d'observation : l'un, par des agents habitués aux voyages, familiers avec les langues d'Europe, que l'on envoie dans les différents États, sous prétexte de missions scientifiques, littéraires, commerciales et industrielles, ou de simples voyages de plaisir, et qui correspondent avec le ministre sur l'opinion des peuples de ces différentes contrées, sur le caractère des hommes d'État, sur la force et la position des armées, sur tout ce qui peut intéresser la politique de la France par rapport à ces nations diverses. L'autre mode de surveillance s'exerce, à l'intérieur de la France elle-même, sur les étrangers notables qui s'établissent ou qui passent dans nos villes ou dans nos provinces, ou sur ceux qui y ont fixé leur séjour pour s'y pénétrer de nos idées, de nos mœurs, de nos dissentiments, et tenir leurs souverains périodiquement informés de nos affaires. Pour l'une et l'autre de ces destinations, il faut des hommes d'une éducation relevée, capables de figurer dans le monde et de se faire introduire, au besoin, dans la caste diplomatique.

Comme complément à cette action secrète, il est bon de fortifier (pour en faire usage dans l'occasion) les lois qui concernent les étrangers. Le gouvernement n'est pas suffisamment armé, et il est obligé quelquefois de recourir à l'arbitraire, ce qui est toujours fâcheux même contre des non nationaux; l'arbitraire est une arme qui blesse tôt ou tard la main forcée de s'en servir. On sait quel rôle des étrangers ont joué dans les premières scènes de 1830 et de 1848 ; les premiers coups de feu partirent de mains étrangères. Il n'y a pas d'émeutes dans lesquelles on ne trouve, non-seulement des Polonais, mais des Allemands, des Anglais, des Italiens. Il faut armer le pouvoir d'une loi efficace sur la résidence des étrangers.

Quant aux nationaux, je demande, au contraire, une loi tutélaire, une loi claire et précise sur la liberté individuelle, trop légèrement exposée en France au bon plaisir du code d'instruction criminelle, aux caprices et aux brusqueries de la police, aux embûches de tout genre que nos lois dressent autour des personnes. En veut-on un exemple ? Sous la restauration, on proposa une loi, en apparence fort libérale, sur la liberté de la presse ; il était dit, dans un article, qui semblait fort libéral lui-même, que l'écrivain *accusé pourrait être mis en liberté sous caution*. On admirait cette généreuse concession ! Cette concession était un piége ; car, comme la législation antérieure ne permettait pas l'incarcération préventive de l'écrivain, cet article n'avait

pour but que de l'autoriser implicitement, puisqu'en accordant la faculté de la liberté sous caution,
il donnait le prétexte d'en conclure que l'arresta-
tion était de droit préexistant; ainsi la loi, en di-
sant qu'on pourrait mettre l'écrivain en liberté, avait
voulu dire seulement qu'on pourrait le mettre en
prison. Malheureusement nos lois pénales et d'instruction criminelle n'offrent que trop de subtilités
semblables. Il faut les écarter franchement et créer
pour le pouvoir un droit rigoureux, entouré de garanties rassurantes pour les particuliers; et cela en
termes clairs et incontestables. C'est l'*habeas corpus*
anglais qu'il faut importer chez nous, en l'appro-
priant à nos mœurs. La police générale, armée d'un
droit formel, n'en sera que plus respectée dans son
action légale; on ne hait que les pouvoirs arbi-
traires.

La censure dramatique est utile: elle existe aux
États-Unis; le public français y est suffisamment
préparé. L'exécution d'une loi sur cette matière ne
peut être confiée qu'au ministre de la police,
chargé en même temps d'étudier l'opinion, parce
qu'il pourra mieux qu'un autre étendre ou resser-

rer la censure à raison de l'état des mœurs et des esprits. Il y a des moments où le gouvernement lui-même a besoin de permettre certaines choses à l'art dramatique pour diriger l'esprit populaire dans un sens déterminé, soit qu'il s'agisse de guerre ou de paix, soit qu'il y ait à contre-balancer les dangers de tel parti ou de tel autre. Le théâtre, dans des mains habiles, est un grand instrument politique ; c'est au ministre de l'opinion à manier cet instrument.

.Le colportage, qui fait la vraie propagande dans les campagnes, a besoin également d'être reglémenté et dirigé. On peut, par les règlements, empêcher beaucoup de mal, et par la direction, faire beaucoup de bien.

Telles sont les matières sur lesquelles la législation, applicable par un ministre de la police, pourrait être modifiée. L'habileté fera le reste.

C'est aussi au ministère de la police générale qu'appartient l'exécution, disons mieux, la préparation des lois d'amnistie, et c'est là une attribution précieuse qui le console de tant d'autres. Observer l'opinion publique pour guetter ses sympathies en faveur des victimes des discordes civiles; se tenir au courant de la conduite des proscrits; calculer la force du pouvoir et la fatigue des partis, et saisir le moment favorable à quelqu'une de ces grandes mesures d'oubli qui terminent les révolutions, qui rallient les familles, qui consolident l'autorité : voilà ce que la police générale doit étudier pour conseiller à propos la clémence, en y apportant le moins de restrictions possibles et toujours bien motivées. Et, quand un grand acte de réconciliation est accompli, c'est à ce ministère encore d'en assurer l'application avec célérité, avec douceur, avec une juste sollicitude pour le bien-être des citoyens rendus à leurs foyers. Sa vigilance ne peut plus, ne doit plus les accompagner au milieu de leur nouvelle situation que dans le plus profond secret et avec la plus grande réserve. L'amnistie est le sacre des révolutions. L'amnistie seule annonce que l'ordre est rétabli, que le pouvoir est sûr de lui-même, que la société n'a plus rien à craindre. Il serait digne du gouvernement républicain de la proclamer au moment même où il reconstituerait le ministère de la police générale, car ce serait dire à la fois que le passé est clos, que l'oubli est complet, que la réconciliation est consommée, et que le nouveau ministère n'aura plus à s'occuper que de l'avenir.

III.

L'organisation du ministère de la police est toute tracée par la nature de ses attributions, assez distinctes les unes des autres pour donner le moyen d'établir des divisions de travail bien déterminées.

Les précédents aident, d'ailleurs, naturellement à cette organisation.

La création de ce ministère date du 12 nivôse an IV. Il s'agissait alors pour les deux conseils et pour le directoire de dédoubler l'administration de l'intérieur, *trop surchargée d'attributions pour surveiller la police générale avec l'attention nécessaire,* et d'assurer la tranquillité de la république par une vigilance plus spéciale et plus directe. Il n'y eut, à cette époque, qu'une organisation incomplète, dont nous retrouverons les éléments perfectionnés plus tard (an xii et 1813).

Le premier consul, prenant au sérieux, en l'an x, la fatigue et la trêve des partis, crut devoir se passer de ce ministère, et il en confondit les attributions dans celles du ministère de la justice. Ce fut alors une désorganisation plutôt qu'une organisation. J'explique, dans le paragraphe V de ce mémoire, l'incompatibilité de la police et de la justice.

L'empereur répara bien vite la faute du premier consul ; un décret du 21 messidor an xii, en rendant au ministère de la police rétabli ses premières attributions, en traça l'organisation générale.

(Art. 2 du décret.) « Il y aura, auprès du minis« tre, quatre conseillers d'État qui travailleront « chaque jour avec lui, et qui seront chargés de la « correspondance, de la suite et de l'instruction des « affaires, dans chacun des départements qui leur « seront assignés, conformément à l'état annexé au « présent décret. »

(Art. 3.) « Indépendamment des audiences du « ministre, il y aura chaque jour une audience te

« nue par l'un des conseillers d'État, pour recevoir
« les réclamations des citoyens. »

(Art. 4.) « Les conseillers d'État seront réunis
« par le ministre au moins une fois par semaine; ils
« discuteront devant lui les diverses réclamations
« qui leur seront renvoyées. Le secrétaire général
« du ministère tiendra le procès-verbal, dans lequel
« chacun d'eux pourra consigner son opinion sur
« tous les objets de police. L'original de ces procès-
« verbaux sera porté par le ministre à l'empereur. »

On voit par le soin pris d'avance de consigner,
dans un décret impérial, des dispositions de détail
qui ressortissaient plus naturellement à un arrêté
ministériel, que l'empereur entendait faire de ces
articles du décret des garanties constitutionnelles.
On venait à peine de passer de la république à l'empire. Les institutions de liberté n'étaient pas vaines
encore; les pièces de 5 francs portaient toujours
l'exergue de la *République française* au verso de la
devise : *Napoléon empereur*. On proclamait les principes, mais ils ne furent pas respectés dans la pratique.

De ce moment date l'organisation du ministère de

la police, telle qu'elle dura jusqu'en 1814. Outre les quatre conseillers d'État voulus par le décret (c'étaient, en 1813, MM. le comte Réal, le comte Pelet, le chevalier Anglès, le baron Pasquier), l'administration centrale se composait d'un secrétaire général (M. le chevalier Saulnier) et de cinq divisions :

La première, dite de sûreté générale, chargée de la police intérieure des prisons d'État (ayant pour chefs MM. Desmarets et Patrice);

La deuxième devant veiller sur la liberté de la presse, sur la liberté individuelle et mettre à exécution les lois et les décrets d'amnistie;

La troisième surveillant les théâtres, les journaux, l'imprimerie, la librairie; dirigeant les inspecteurs, inspirant la censure (j'ai déjà désigné son chef, censeur sous l'empire, écrivain libéral sous la restauration, pair conservateur sous le gouvernement de 1830);

La quatrième administrant les fonds budgétaires et secrets du ministère, service de confiance qui exige de la part du chef spécial une discrétion à toute épreuve, puisqu'il est dépositaire des noms et des travaux les plus confidentiels.

La garde des archives constituait la cinquième division, sans titre, mais avec une importance réelle. (Ce poste était occupé par un ancien membre de la constituante et député au corps législatif, M. Lombard-Taradeau.)

Telle était l'administration centrale.

Voici la composition du service extérieur, tel qu'il se trouvait constitué en 1811, après les mutations et augmentations que les progrès des armées impériales dans les diverses contrées de l'Europe avaient rendues successivement nécessaires (25 mars 1811).

Il y avait cinq directeurs généraux de police :

Un directeur général pour les départements au delà des Alpes ;

Un pour le grand-duché de Toscane ;

Un pour le gouvernement de Rome ;

Un pour le gouvernement de la Hollande ;

Et un pour les départements de l'Ems supérieur, Bouches-du-Weser et Bouches-de-l'Elbe.

Les dépenses de chaque direction générale (traitement, bureaux, fonds secrets) étaient fixées à 50,000 francs.

Je n'ai pas besoin d'insister sur cette partie de l'organisation générale de la police. La France ne pense plus à établir des directeurs généraux au delà de ses frontières, sur les pas d'armées conquérantes.

Le nombre des commissaires généraux s'élevait à 19. Il y en avait encore six dans des villes qui n'appartiennent plus à la France : Gênes, Livourne, Rotterdam, Munster, Anvers et Flessingue.

Je n'ai pas à m'occuper de cette catégorie.

Je passe sous silence les 22 commissaires spéciaux employés hors du territoire actuel; il est superflu d'indiquer leurs résidences; on en a tant perdu le souvenir !

Voici la constitution, le nombre et la résidence des commissaires généraux et spéciaux employés à l'intérieur.

Les commissaires généraux étaient divisés en trois classes, quant à leurs traitements, leurs frais de bureaux et les dépenses accessoires.

Ces trois natures de dépenses composaient pour chacun des commissaires généraux de première classe un total de 25,000; pour ceux de deuxième, 18,000; pour ceux de troisième, 13,000 francs.

Le traitement et les dépenses accessoires étaient supportés moitié par les villes, moitié par le trésor; les dépenses secrètes et frais de tournées, exclusivement à la charge du ministère de la police. Les villes étaient chargées de pourvoir au logement des commissaires et de leurs bureaux.

Il était alloué à chaque commissaire spécial une somme de 6,000 francs, tous frais compris, laquelle somme était payée par les villes reconnues capables d'y suffire, ou, à défaut, par le trésor. Ces commissaires étaient également logés par les villes où ils tenaient résidence.

Quatre commissaires généraux de première classe résidaient à Lyon, Marseille, Bordeaux, Boulogne ; trois de deuxième classe, à Brest, Toulon, Strasbourg ; cinq de troisième classe, à Saint-Malo, Lorient, le Havre, Bayonne, Perpignan.

Dix commissaires spéciaux étaient établis à Dunkerque, Morlaix, La Rochelle, Pontarlier, Huningue, Cette, Nantes, Rouen, Caen, Toulouse.

La hiérarchie se complétait par le corps des commissaires de police ordinaires des villes.

Quant aux attributions des directeurs généraux

et commissaires généraux de police, elles étaient assez nettement avouées et tracées :

Les directeurs généraux (il n'y en avait que dans les pays conquis) étaient chargés de surveiller particulièrement l'esprit public des habitants, les opérations du commerce et celles de la conscription, le service des douanes, les mouvements des ports, la ligne des côtes et frontières, les communications avec l'étranger, les subsistances, les déserteurs, les passe-ports, la librairie, l'instruction publique, les associations politiques et religieuses, et, en général, toutes les parties d'administration et de service public, en se conformant aux instructions du ministre de la police générale.

Les attributions des commissaires généraux et spéciaux à l'intérieur étaient les mêmes, à part ce qui se rapportait, pour les directeurs généraux, à la géographie et à l'administration de pays étrangers.

Tout cela composait un ensemble dont l'empereur voulait faire une institution sérieuse, car il avait pourvu même aux conditions d'admissibilité dans cette organisation. Ainsi, pour être commissaire spécial, il fallait (à dater de 1811) être âgé de vingt-cinq ans, justifier d'un revenu personnel de 2,000 fr., ou d'une pension équivalente assurée au titulaire par sa famille, ou d'une pension de retraite provenant d'un service public quelconque. Les commissaires généraux ne pouvaient être choisis que parmi les commissaires spéciaux ; les commissaires spéciaux pourraient être pris dans les commissaires particuliers des villes, et nul ne serait nommé directeur qu'après avoir exercé les fonctions de commissaire général.

Un décret antérieur à celui que je viens d'analyser avait attaché au ministère de la police et à la préfecture de Paris, qui en dépendait plus spécialement, un nombre indéterminé d'auditeurs au conseil d'État (il y en eut jusqu'à seize) chargés, sous les ordres du ministre et des quatre conseillers d'État, d'un service actif très-longuement défini par ce décret (21 janvier 1810). Chacun de ces auditeurs jouissait, pour ce service spécial, d'un traitement de 6,000 fr. Ce décret était une application très-motivée, très-utile des vues que l'empereur avait dès longtemps conçues et toujours poursuivies, sur l'emploi des auditeurs dans les différents services publics. Le corps des auditeurs était, à ses yeux, la véritable école administrative, le vrai stage des administrateurs, puisque, à l'appui des théories qu'ils entendaient professer au conseil d'État, ils complétaient leur éducation par la pratique, en étant attachés tour à tour à toutes les grandes administrations, à tous les hauts fonctionnaires, à toutes les missions importantes. L'empereur voyait de plus dans cette institution un moyen de s'attacher des fils de famille qu'il admettait à sa cour, auxquels il ouvrait des carrières brillantes, et qui l'aidaient, par des alliances, à unir et à confondre les deux noblesses ancienne et nouvelle. Aussi avait-il eu la pensée d'élever le nombre des auditeurs jusqu'à trois cents. Les deux branches royales qui se sont succédé n'ont pas compris cette haute pensée ; elles ont successivement réduit le nombre des auditeurs. La république a eu le tort de persévérer dans cette voie et de faire encore une nouvelle réduction, pour établir, à la place d'une institution vraie et pratique, une école fantastique d'administration sans valeur, sans consistance. Aujourd'hui cette école est supprimée ; il faudra revenir au corps des auditeurs, et le fortifier et le grandir, car ce sera aussi, à l'époque où nous sommes, un grand instrument de conciliation.

Je reviens au ministère de la police.

Si j'ai longuement exposé l'organisation de ce ministère sous l'empire, c'est que, à part les superfétations qu'y avaient ajoutées l'esprit de conquête et nos invasions en Europe, je trouve dans cette organisation un cadre tout indiqué pour les nécessités actuelles.

Depuis 1814, les diverses métamorphoses subies par le ministère ou la direction générale de la police ont toujours eu pour premier effet d'amoindrir ses proportions, de réduire ses moyens, et par conséquent d'abaisser son importance et d'énerver son action. Si l'on veut obtenir du rétablissement de ce ministère les services qu'on en attend, il faut lui rendre ses moyens d'influence et d'utilité.

J'ai raconté plus haut, dans le paragraphe de ce *Mémoire* qui expose les *précédents*, comment, en 1814, une direction avait été créée en place d'un ministère, direction réduite dans ses hauteurs, et à laquelle cependant on rattachait la préfecture de police, dont on supprimait l'unité pour en éparpiller les attributions entre trois commissaires. C'était de l'administration à l'envers. On abaissait le chef suprême, et on lui attribuait une plus large étendue de pouvoirs. Ce contre-sens produisit ses résultats naturels. La correspondance de l'île d'Elbe circula, je l'ai dit, sous le couvert de la direction générale, et l'empereur débarqua le 1er mars au golfe Juan, sans que M. le directeur général s'en doutât. Aux noms expérimentés de la veille, on vit substituer des noms sans valeur administrative, ou trop significatifs politiquement; et cela dans un ordre de services qui exige, avant tout, la connaissance des temps, des hommes et des traditions. La distribution des bureaux secondaires resta la même à peu près, sauf des épurations personnelles qui enlevèrent à la police générale ses meilleurs commis.

Les cent jours prouvèrent l'impuissance de cette combinaison. Aussi l'empereur, dès sa rentrée aux Tuileries, décréta le rétablissement de l'état de choses existant au 1er mars 1814 ; les événements ne lui laissèrent le temps ni de refaire une organisation sérieuse, ni d'en recueillir les fruits. Il fallut reprendre le travail, après la seconde restauration.

Mais alors les exigences budgétaires grandirent avec le gouvernement représentatif, et les ombrages du libéralisme contre la police se manifestèrent de jour en jour avec plus d'acrimonie. Ce ministère dut se renfermer dans une organisation plus modeste et moins puissante. Les grandes directions furent remplacées par de simples divisions ou par des bureaux. Il n'y eut plus que deux lieutenants de police, l'un à Lyon, l'autre à Strasbourg. Le nombre des commissaires généraux fut réduit à onze, celui des commissaires spéciaux à quatre. On supprima les auditeurs; le ministère de la police n'eut d'importance alors que celle qu'il empruntait au crédit du ministre.

Le 28 décembre 1818, ce ministère disparut avec l'occupation étrangère, à laquelle il servait plutôt de contre-poids que d'auxiliaire (ce qu'on pourrait démontrer en expliquant le coup de pistolet tiré en février 1817, à Paris, sur le duc de Wéllington). Tout se résuma d'abord dans une division de police, rattachée au ministère de l'intérieur; ensuite dans une direction, impuissante avec M. Mounier, insignifiante avec M. Patry, intolérante et fanatique avec M. Franchet! Charles X tomba. Je me réfère pour tout ce qui concerne cette époque à l'exposé historique qui précède ce paragraphe, de même que pour ce qui s'est passé après 1830.

En 1831, cependant, l'homme qui, de tous les ministres du gouvernement de juillet, comprit le mieux les nécessités du pouvoir, M. C. Périer en serait venu (s'il avait vécu et gouverné plus longtemps) à rétablir ce ministère, car il en avait reconnu le besoin. Il disait la veille de son avénement à un de ses auxiliaires et amis : « *Je suis curieux de voir ce qu'il y a au fond de la police!* » Il s'en était fait une idée exagérée. Peu de jours après son entrée en fonctions, il s'écriait, devant son collaborateur, après avoir pris connaissance de quelques cartons, de quelques dossiers et de quelques agents : — *Eh quoi! ce n'est que ça!* — Hélas! oui, *ce n'était que ça;* et on peut en dire autant de toutes les choses de gouvernement qu'on s'exagère avant de les avoir vues de près ! Toutefois, M. C. Périer en aurait fait autre chose s'il avait duré. Ses successeurs n'ont voulu rien en faire; j'ai dit dit pourquoi. (Voir le § 1er.)

Comme organisation du ministère de la police, nous n'avons donc à prendre exemple, dans le passé, que de l'organisation impériale, la seule qui présente quelque consistance. C'est à ce titre que nous l'avons exposée en détail.

Il y aurait, pour l'approprier aux circonstances actuelles, à supprimer d'abord toute la partie du service à l'étranger (cela va sans dire).

Je ne vois pas non plus l'avantage qu'on tirerait du concours de quatre conseillers d'État attachés au ministre ; et d'ailleurs, l'organisation actuelle du conseil d'État exclut le cumul d'attributions. Qu'on emploie des chefs de division capables, et le prestige des titres deviendra fort inutile.

Des 5 divisions centrales instituées par le décret du 25 mars 1811, deux semblent devoir être réduites à la proportion d'un bureau : la comptabilité et les archives. Les trois autres sont bien tracées pour l'époque actuelle.

Quatre commissaires généraux et dix commissaires spéciaux seraient encore nécessaires et suffisants. Seulement, quelques villes ont perdu leur importance politique, et d'autres, comme Saint-Étienne, en ont acquis une grande. Ce seraient de légères substitutions à opérer.

Il n'y avait pas d'exagération dans les traitements ; je ne crois pas qu'il soit possible de les amoindrir.

Quant à l'adjonction d'auditeurs mis à la disposition du ministre pour faire des tournées dans les départements, on ne pourrait adopter cette combinaison qu'en faisant revivre en même temps le système d'auditorat, tel que l'avait conçu l'empereur. C'est une idée dont il faut ajourner l'exécution ; mais on y reviendra.

Voilà donc le cadre du nouveau ministère tout tracé. Il ne s'agit plus que d'y adapter de bons choix.

IV.

J'ai posé cette question sous le n° IV de mon avant-propos :

« Comment fixer les rapports de la police géné-
« rale avec les neuf autres départements ministé-
« riels, qui ont à recevoir de lui des lumières et
« des informations? »

Chaque ministère a ses agents spéciaux et directs dans toutes les localités; mais, en même temps, les préfets, agents supérieurs, correspondent indistinctement avec chacun des neuf ministres pour les affaires qui intéressent plus particulièrement son administration. Le ministre de la police qui (d'après le plan proposé au § III de ce mémoire) n'aura d'agents supérieurs que sur cinq points du territoire (les lieutenants de police générale) et des agents de second ordre sur quatorze autres points environ (les commissaires généraux et spéciaux), le ministre de la police devra recevoir des préfets, non-seulement des communications accidentelles sur des faits isolés, mais des rapports suivis et périodiques sur l'état des esprits, le mouvement des affaires et les vœux et les besoins des populations. Ces *rapports* sur ce que l'on nomme *l'esprit public* sont habituellement adressés par les préfets au ministre de l'intérieur. Il n'est pas bon qu'un ministre administrateur, qui prononce sur une foule d'intérêts essentiels et délicats, soit en même temps chargé de la surveillance des actes et des opinions politiques des administrés sur la fortune desquels il peut avoir à prononcer en certains cas. C'est une confusion dangereuse aux époques de partis, et qui sera toujours embarrassante pour la conscience d'un ministre honnête homme. Cette considération seule serait déjà d'un grand poids dans la question de séparation des pouvoirs administratifs et politiques du ministère de l'intérieur. Qu'il nous suffise de l'indiquer; elle n'a pas besoin d'être développée.

Remarquez de plus que l'autorité des préfets, tout administrative aussi, est elle-même impuissante, en matière politique, pour prévenir les désordres et les émeutes; ils ne peuvent que les réprimer après l'explosion, à l'aide des moyens que la magistrature et les chefs militaires mettent à leur disposition. C'est ce que nous avons vu en tout temps, et les bulletins que le ministère faisait publier mal à propos en 1849 dans le *Moniteur* pour annoncer, jour par jour, les tentatives de troubles qui avaient éclaté dans les départements et qu'on y avait réprimées après coup, outre le tort d'agiter l'opinion et de noircir la situation des affaires, avaient l'inconvénient de révéler l'impuissance de l'administration pour prévenir ces troubles. Et n'en accusons pas les préfets; ils manquent, sous la direction trop partagée du ministre de l'intérieur, et avec l'insuffisance de ses fonds spéciaux, des lumières et des moyens nécessaires pour obtenir des résultats utiles. C'est l'organisation générale des services qu'il faut modifier.

Indiquons-en les moyens.

Définissons les rapports possibles du ministère de

la police avec les autres départements ministériels, et l'on reconnaîtra que des arrêtés intérieurs du conseil des ministres pourront facilement réglementer ces rapports.

Voici les points de contact :

Le *ministère des affaires étrangères* a des agents officiels sous le titre d'ambassadeurs, de ministres plénipotentiaires, de chargés d'affaires et de consuls, qui ne répondent eux-mêmes qu'à des besoins officiels, et auxquels échappe souvent, trop souvent, le secret des affaires sérieuses. Le partage de la Pologne a été résolu, dans le dernier siècle, à l'insu et sous les yeux de l'envoyé de France, par les trois ambassadeurs des trois puissances qui y étaient intéressées. Le traité de Londres du 15 juillet 1840 a surpris brusquement le cabinet de Paris. Il y a donc nécessité d'entretenir à l'étranger, à côté et en dehors des ambassades, quelques agents, les uns connus de l'ambassadeur, pour qu'il leur prête au besoin son appui, les autres inconnus, pour qu'ils puissent seconder secrètement l'ambassade elle-même. Qu'on ne s'y trompe pas. Au milieu de tous les embarras intérieurs que nous créent trois anciens régimes qui se disputent le pouvoir, les plus grandes difficultés nous viendront encore de l'étranger, qui saura exploiter nos divisions intestines, et qui guette les jours de désordre pour en faire des jours de conquête. La carte du partage de la France avait été toute tracée en 1814, en 1815. A ces deux époques, Louis XVIII et l'empereur Alexandre en empêchèrent la mise à exécution. Les Bourbons furent maintenus, à charge de maîtriser la révolution dont l'Europe craignait et prévoyait le développement et le contre-coup. Les mêmes velléités reparurent en 1830, et, certes, elles eussent porté leurs fruits, si Louis-Philippe n'avait offert à son tour des garanties contre la propagande révolutionnaire. Mais au bout de dix-huit ans il a succombé. La révolution s'est incarnée en république, et le contre-coup a ébranlé tous les trônes. On sait ce qui s'est passé depuis deux ans en Europe. L'Europe se relève, et ce sera pour nous écraser à son tour, si elle le peut. On s'amuse ici à de vains propos; on croit au concours de l'Angleterre, et c'est elle qui nous abandonnera la première, si nous ne parvenons pas à nous réorganiser intérieurement. Le ministère de la police a donc un double rôle à remplir pour conjurer les dangers extérieurs : celui de rétablir l'ordre au dedans, celui de surveiller les intrigues du dehors. La Restauration avait, dans ce dernier but, des hommes habiles dans les principales cours. Ils ont obtenu des résultats marquants. Le gouvernement de Louis-Philippe a trop négligé ce moyen de police diplomatique. Il croyait y suppléer en attachant aux ambassades des jeunes gens riches et titrés, qui dansaient aux fêtes royales, qui faisaient la cour aux dames d'honneur, mais qui n'en savaient pas plus long, parce que c'était de la jeunesse dorée toute pure, fort présentable sans doute, mais trop inexpérimentée. Il faut, pour ce rôle d'observation froide et profonde, des hommes sérieux et mystérieux : la police seule peut les fournir et les couvrir.

Le *ministère de la guerre* a besoin de proportionner ses préparatifs et ses moyens de défense à l'état des forces étrangères. Il existait autrefois, dans le budget de la guerre, un fonds secret qui en a été retranché, et dont la destination était cependant toute nationale; c'est ce que n'ont pas compris les puritains des anciennes chambres. A l'aide de ce fonds, le ministre de la guerre entretenait dans les divers pays des officiers d'état-major qui, sous prétexte de missions topographiques, géographiques ou d'étiquette diplomatique, observaient la force et la position des troupes, l'état des forteresses, l'esprit des soldats, les tendances militaires des gouvernements. Il faut rouvrir cette voie d'observation, plus importante que jamais, dans la situation respective de la France et de l'Europe.

Les services de la guerre, qui ont donné lieu à tant d'abus criants, à tant de scandales, ont besoin d'être surveillés. Toutes les régies de la guerre et de la marine réclament la même attention; on a entendu, récemment encore, de tristes révélations au sujet de l'administration des hôpitaux. L'esprit de propagande s'attaque aux casernes; n'est-il pas important de l'y observer par des moyens autres que par la hiérarchie militaire, impuissante sur tout ce qui sort du cadre de la discipline? On fait en Algérie de fâcheux essais de colonisation qui pourront altérer l'esprit de l'armée; là aussi, il faut porter une grande attention, et la suprématie militaire y est impuissante.

Il en est ainsi du *ministère de la marine*. Disons, en passant, que la police des bagnes manque d'une bonne direction, car la société est sans cesse affligée du spectacle des crimes commis par des forçats évadés. Il faut y pourvoir. Le service des ports et des approvisionnements a soulevé, depuis trente ans, de nombreuses réclamations; il faut y veiller. La solidité d'un gouvernement tient beaucoup à la considération dont il jouit, et cette considération dépend en grande partie de la moralité des hommes qui participent à l'administration. On sait combien de tristes affaires et de déplorables scandales ont contribué à la chute du dernier pouvoir. Éclairez la conduite des fonctionnaires; ayez un registre secret de leur fortune, de leurs ressources et de leurs dépenses. Le déficit Kessner n'aurait pas eu lieu en 1831 (et il était de plusieurs millions), si l'on s'était informé des habitudes de ce comptable.

Les mêmes précautions doivent être prises à l'égard des agents de toutes les *régies financières* e des fonctionnaires qui concourent à la concession ou à la direction des *travaux publics;* mais la police générale a encore d'autres devoirs à remplir dans le ressort de ces *deux ministères.*

Le développement de l'esprit d'association et des entreprises industrielles a donné, depuis quinze ans, un grand essor au système des compagnies par actions, et l'on sait combien ce système a protégé d'opérations frauduleuses et de spéculations immorales. La surveillance même de quelques agents officiels, sur les compagnies financières d'assurances ou autres, est complétement illusoire. C'est bien pis encore quand il s'agit d'associations non surveillées par un commissaire du gouvernement. On ne saurait calculer les pertes que ces associations ont fait éprouver à un grand nombre de familles depuis 1833. C'est par des investigations secrètes qu'on pourra seulement pénétrer dans le mystère de ces fraudes; il suffira de quelques explorateurs adroits sous forme d'actionnaires.

L'impulsion donnée aux travaux publics, surtout en matière de chemins de fer, réunit sur quelques points des masses d'ouvriers étrangers les uns aux autres, étrangers aux localités où ils sont campés, et qui n'en ont que plus de facilité pour se livrer à des désordres publics ou privés, émeutes ou coalitions, dont il faut déshabituer les classes laborieuses. C'est encore là une cause nouvelle de préoccupation, un objet important de surveillance, et les mairies de village ne sauraient y prêter l'attention nécessaire.

Si l'on donne suite à l'établissement projeté de colonies agricoles, sous la direction du *ministère de l'agriculture et du commerce*, ce sera encore une agglomération d'hommes à surveiller, d'autant plus que les premiers colons se composeront, en grande partie, d'existences déclassées, qui seront d'abord des ouvriers de colonisation peu dociles et peu disciplinés. Dans tous les cas, il y a une surveillance très-utile à exercer en ce qui concerne le ministère du commerce; celle d'abord des altérations et des fraudes de tout genre que le commerce de détail n'épargne pas au public, et qui s'attaquent à la santé comme à la bourse des consommateurs; puis aussi celle des expéditions de produits français à l'étranger, expéditions trop souvent entachées de mauvaise foi, sous le rapport de la qualité des marchandises comme sous celui de l'aunage. Il existe dans les cartons du ministère des affaires étrangères des lettres affligeantes de nos consuls qui exposent comment des pacotilles de mauvaise condition ont décrédité le commerce français sur un grand nombre de marchés, notamment sur ceux de l'Amérique du Sud, au Pérou, au Chili, où le commerce anglais a supplanté le nôtre.

Une question grave, qu'il faut éclairer et réglementer avec le plus grand soin, c'est celle des approvisionnements des marchés aux grains. Le principe très-philosophique de la liberté commerciale entraîne souvent de graves dangers pratiques quand il s'agit de grains, c'est-à-dire de pain. On l'a vu en 1847. Le grain manquait beaucoup moins qu'on ne l'a dit; seulement le prix toujours croissant alléchait les détenteurs, qui ne se décidaient pas à l'apporter sur le marché. Nous en avons eu pour preuve l'affluence des sacs, et par conséquent la baisse de prix, qui s'est fait remarquer après la révolution de février. C'est que les détenteurs se sont effrayés; l'affaire de Buzançais les avait déjà émus; mais l'émancipation populaire de février les a décidés, et le lendemain d'une révolution qui causait tant de terreurs, fondées ou non, nous avons vu le prix du pain tomber à un taux inconnu sous la monarchie. Encore une fois, cela prouve qu'il n'y avait pas disette réelle, mais spéculation avide. La peur a vaincu la cupidité.

Sans doute la législation devra pourvoir à des mesures de précaution contre le retour de semblables dangers; mais, en attendant, une étude bien faite, une inspection sérieuse des ressources des campagnes, des marchés qui concentrent les denrées, des quantités qui s'agglomèrent dans les cantons avoisinants, donneraient au gouvernement, en certains cas, le moyen de rétablir le niveau convenable. C'est là un grave intérêt politique, qu'on ne l'oublie pas! Ce qu'il faut au peuple avant tout, même avant des constitutions, c'est. du travail et du pain. Le gouvernement, nous le savons, est placé dans une position délicate entre le producteur qui a besoin de retirer de sa denrée un prix suffisant, et le consommateur qui croit toujours payer le pain trop cher. Il faut maintenir une juste proportion, et je ne crois pas que la législation actuelle y suffise. C'est à l'administration d'aider à une bonne solution par des investigations habiles, et malheureusement le ministère du commerce, qui n'a point d'agents spéciaux dans les départements, a montré, en 1847, qu'il ne suffisait pas lui-même à cette tâche. C'est un grand moyen de police générale.

J'expose plus bas (§ V) quels doivent être les rapports de la *justice* et de la *police*, rapports qu'on a trop effacés ou confondus quelquefois, et qu'il est important de bien définir et de bien régulariser. Les parquets restent trop souvent à part de l'administration ; il ne faut pas oublier, cependant, que les procureurs de la république sont, pour la moitié de leurs fonctions, des agents du gouvernement aussi directs que les préfets. Ils n'y sont étrangers que pour les causes introduites à la requête des particuliers ; mais leur qualité de ministère public les rattache, sur tout autre point, à l'action gouvernementale. Je crois donc que dans les matières de ce genre, il est bon que les deux ministres de la justice et de la police se concertent quand il s'agit d'une affaire importante et générale, et que, pour les autres, il doit exister un accord presque journalier entre le procureur de la république et le préfet du département de son ressort ou le lieutenant de police des grandes villes. C'est surtout indispensable en matière de presse, pour ne pas courir le risque, quand on intente des poursuites quelquefois précipitées, de contrarier la politique du gouvernement et de l'exposer à des démentis fâcheux, par suite de verdicts qu'on n'aurait pas su prévoir. La justice a des points de vue limités; elle est trop formaliste et pas assez politique; elle ne sait pas tenir compte des circonstances que la politique seule peut apprécier. C'est un point à régler.

Dans le § II, relatif à la législation dont serait armée la police générale, j'ai indiqué, outre une loi indispensable sur la déportation, une autre loi qui n'est pas moins réclamée par l'intérêt public, pour réglementer ce qu'on appelle la surveillance de la haute police. Cette surveillance n'existe pas plus que la haute police elle-même; rétablissez donc celle-ci pour assurer celle-là. Les statistiques criminelles démontrent que la plupart des crimes sont des récidives, et que les récidivistes sont des forçats libérés ou évadés. Or, les libérés habitent Paris et la banlieue, au mépris des lois et de la surveillance. La justice prononce tous les jours sur des ruptures de ban. Tout est donc à faire sur ce point : une bonne loi, de forts règlements et un cadre spécial d'agents chargés de l'exécution des mises en surveillance. Quand la législation a établi la surveillance de la haute police, il y avait, en effet, une administration de la police générale; on a supprimé ce ministère, et la législation est restée impuissante : rétablissez l'institution pour en retrouver les résultats.

L'attention publique est fortement émue, depuis un an, par la controverse qui s'est établie sur l'influence des *instituteurs* primaires dans les campagnes et sur celle des écrits, manuels, pamphlets, almanachs, chansons, œuvres de tout genre qui exercent une propagande active au profit du socialisme. Il faut convenir que le personnel des *instituteurs* peut laisser beaucoup à désirer, mais ce n'est pas la faute de l'autorité supérieure ; c'est le tort de l'institution, c'est la nature des choses. Il est évident que les hommes en si grand nombre qu'on peut recruter pour cette profession n'ont pas fait d'études complètes qui les élèvent à une grande hauteur d'idées; autrement ils s'ouvriraient une carrière plus lucrative, sinon plus honorable. Ce sont de ces demi-savants dont la demi-éducation fausse le jugement, parce qu'elle les place dans cette condition fâcheuse d'envier les situations élevées auxquelles ils ne peuvent atteindre et de dédaigner les professions manuelles auxquelles ils n'ont pas su se résigner. Cette classe d'hommes qui se sent déplacée dans la société, inférieure qu'elle est aux classes d'en haut, trop supérieure aux classes populaires, retire de cette position quelque aigreur contre ce qui est au-dessus, et un penchant naturel à se servir de l'ignorance ou des passions d'en bas pour s'en faire des moyens d'influence. Leur langage répond à leur situation. Il ne faut donc pas s'étonner que le plus grand nombre soit animé de sentiments peu favorables au maintien de l'ordre existant, quel qu'il soit. Trouvez trente mille hommes de talent et de bien, qui consentent à languir au fond des campagnes, dans une condition à

peu près misérable, par le seul amour de l'humanité et du peuple. Jusque-là, vous êtes bien forcés
d'employer les éléments qui se présentent à vous,
et vous devez vous attendre aux plaintes et aux accusations des gens qui rêvent la perfection sur cette
terre et qui jugent la pratique par la théorie. Assurément il faut surveiller l'action des instituteurs
primaires ; il faut surtout améliorer la position et
honorer les services de ceux qui se montreront fi-
dèles à des pensées d'ordre : ce sera encore le moyen
de police le plus puissant.

Quant à la propagande des écrits socialistes, les
gouvernements n'ont jamais su y opposer des remè-
des ou des compensations convenables. Le colportage dans les campagnes n'est pas suffisamment
réglementé. Soumettez-le à des conditions rigou-
reuses pour le choix des personnes, comme pour la
nature des écrits colportés. Opposez-y, pour votre
part, des colporteurs à vous, qui ne propagent que
des écrits substantiels, clairs, intéressants, et à un
si bas prix, que vous découragiez la concurrence,
sous le rapport commercial. La rue de Poitiers a
fait un essai malheureux ; elle n'avait pas de por-

teurs sur place, et les préfets n'ont pas l'habitude de distribuer les écrits qu'on leur envoie en ballots. D'un autre côté, les écrits inspirés par elle n'avaient pas le cachet populaire qui pouvait seul en assurer le succès. C'était trop sérieux ou trop savant. On oublie trop, en écrivant à Paris, quels sont les lecteurs de village. La police impériale avait un tact merveilleux sur ce sujet. La propagande napoléonienne qu'elle répandait partout, sous forme de petits résumés, d'images et de chansons, produisait des résultats. Il n'y a aujourd'hui de bien faits que les écrits ennemis. On ne fera jamais trop bonnes ni trop spirituelles les chansons que l'administration fait chanter dans les rues de Paris; voyez le succès européen de Béranger. Ce qu'il faut surtout aux campagnes, ce sont des almanachs. M. Pagnerre l'a bien compris; il en fabrique une vingtaine, sous vingt titres différents, et s'adressant à toutes les nuances d'opinion, à toutes les classes de lecteurs qu'il veut caresser ou passionner. Jamais le gouvernement n'a su faire un almanach. M. Pagnerre fait ses vingt recueils à 10 sous. Faites-en trente à 5 sous, à 2 sous.

Luttez d'esprit et de bon marché, et vous avez, de plus que lui, des priviléges municipaux pour empêcher la circulation de ce qui vous nuit, pour aider la circulation de ce qui vous sert. Voilà de ces idées simples qu'on ne pouvait pas faire entrer dans les têtes des ministres d'une monarchie qui se croyait éternelle. On voit aujourd'hui qu'il n'y a d'éternité pour personne. Il n'y en a que pour la société et pour la patrie. Défendez-les par de bonnes raisons, distribuez avec activité et à bas prix. Pour cela il faut un ministre qui en fasse son affaire. Les ministres spéciaux sont trop absorbés par les attributions de leurs départements. L'esprit public sera du moins la première attribution d'un ministre de la police générale.

Il existe dans l'organisation des établissements *d'instruction publique* un vice grave; je veux parler du séjour, dans la capitale, des élèves des écoles de droit et de médecine, et même de l'école polytechnique (mal-à-propos placée dans les attributions du département de la guerre). On oublie trop que les mœurs de la capitale sont l'écueil de la jeunesse. En y appelant chaque année, pour les écoles de

droit et de médecine, 4000 jeunes gens qui y arri-
vent avec l'inexpérience et les séductions de leur
âge, on compromet leur avenir. Il est rare que les
très-jeunes gens fassent leurs études dans les trois
années prévues. Ils perdent la première en ajour-
nant le travail et les examens à la seconde; et ce
n'est pas seulement du temps perdu, ce sont de
mauvaises habitudes contractées, ce sont des dettes,
ce sont des liaisons qui souvent entravent le reste de
la vie. Il est rare, au contraire, qu'un étudiant qui
a fait ses deux premières années ne s'applique pas
à compléter sa troisième pour gagner son diplôme.
Eh bien ! pourquoi laisser faire, à l'école de Paris,
les deux premières années, les deux premiers examens? Renvoyez ces études à des villes de province,
où les jeunes gens auront moins d'occasions et de
facilités pour se déranger, et où ils trouveront des
livres et des professeurs suffisants. Ne laissez faire
à Paris que la troisième et la quatrième année, parce
qu'alors l'imagination est calmée, et l'intérêt de
l'avenir avertit l'étudiant qu'il faut conquérir son
diplôme. J'en dirai autant de toutes les écoles supé-
rieures.

Pourquoi l'école polytechnique a-t-elle un caractère militaire, quand les deux premiers tiers des élèves sortants, par ordre de mérite, ne sont appliqués qu'à une carrière civile? On comprenait cette tendance et cet uniforme sous l'Empire, qui, comme le gouvernement russe, militarisait toute la nation. Aujourd'hui, sous une république qui veut séculariser le gouvernement du pape, sécularisons aussi les institutions françaises, à moins que nous ne tendions au gouvernement du sabre. Mais si nous voulons un gouvernement libre, le gouvernement des idées et de la discussion, écartons les épaulettes et les uniformes. Il n'y a de place pour l'épée que sur la frontière ; sa pointe ne doit être tournée qu'au dehors. Eh bien! outre la sécularisation de l'école polytechnique, il s'agit aussi de déplacer sa résidence pour éviter les imitations de 1830 et de 1848. La chute de la dynastie a laissé de belles résidences vacantes. Le château de Fontainebleau ou celui de Compiègne serait merveilleusement approprié à l'établissement de l'école polytechnique. Les études en vaudraient mieux ; les familles seraient plus rassurées ; le gouvernement aurait écarté un élément d'indiscipline. La création des chemins de fer répond suffisamment aux objections puisées dans des difficultés de déplacement pour les professeurs non résidant à l'école.

Ce sont là des questions qu'un ministre politique, un ministre de la police générale, peut seul étudier utilement et résoudre en toute connaissance de cause. Les ministères de la guerre et de l'instruction publique n'ont pas les données nécessaires à cet examen, à cette solution.

Il me reste à parler du *ministère de l'intérieur* qui subira, par la création du ministère de la police, un retranchement considérable, une amputation douloureuse. Il en a supporté bien d'autres. Nous avons vu sortir de ce ministère, tel qu'il était constitué sous l'Empire et au commencement de la Restauration, nous avons vu sortir successivement :

Un ministère de l'instruction publique,

Un ministère des cultes,

Un ministère des travaux publics,

Un ministère du commerce et de l'agriculture,

Toutes attributions qui n'occupaient autrefois qu'une division ou un bureau de l'Intérieur.

C'est le développement de la liberté, du commerce, de l'industrie, du travail public et privé, qui a successivement motivé ces démembrements et ces créations. Eh bien ! c'est, aujourd'hui, le développement de l'esprit de révolution qui motive le rétablissement d'un ministère de la police générale. C'est un besoin spécial encore plus vivement senti par la société !

Le ministère de l'intérieur sera encore assez bien pourvu avec l'organisation des gardes nationales, l'exécution des lois électorales (parlementaires, départementales et municipales), l'administration des hospices et des maisons centrales de détention non politiques, le personnel des préfets, sous-préfets et maires, la tenue des conseils généraux, d'arrondissement et municipaux, l'administration départementale et des communes, etc., etc. Je ne parle point de l'imprimerie, de la librairie et des beaux-arts, ni des établissements de bienfaisance et institutions de secours, car je proposerai tout à l'heure (dans le § VI) d'en attribuer la direction au ministère de la police générale, parce que ce sont là des moyens préventifs d'influence et de protection qui diminueraient l'action répressive de la police sur les irritations et les révoltes.

Une puissante considération s'élève au-dessus de toutes ces raisons administratives. Les idées ou les préventions du siècle tournent à la décentralisation. C'est une exigence si générale, si énergiquement exprimée dans la chambre, dans la presse, dans les conseils généraux, qu'il faut bien en passer par une épreuve, en laissant à tout le monde le soin de s'éclairer par l'expérience. Ce n'est pas à ceux qui croient la centralisation utile et favorable aux intérêts du pays à redouter l'expérimentation. Il faut qu'elle s'accomplisse ; je ne doute pas du résultat. Mais, précisément parce qu'on enlèvera au pouvoir central, pour quelques années, son action, son impulsion, sa puissance, il faut que ce pouvoir central gagne en surveillance ce qu'il perdra en fait ; il faut qu'il puisse se préserver des conséquences fâcheuses de cet essai de fédéralisme ; il faut qu'en surveillant l'esprit des départements, qui deviendrait bientôt, si on le laissait s'égarer, l'esprit des anciennes provinces, il ne cesse pas, pour sa part, de communiquer aux diverses parties de la république l'esprit central de Paris, de la capitale politique, littéraire, artistique, civilisée! N'oublions pas la fable des *Membres et de l'Estomac;* puisque les membres veulent agir seuls, livrons-les à leur fantaisie, et l'on reconnaîtra bientôt, par la force des choses et des idées, que Paris n'est pas seulement l'estomac, mais la tête et le cœur de la France!

Je viens d'indiquer tous les points de contact qui existent naturellement entre les divers ministères et le nouveau département de la police générale; j'ai montré comment son action devait se mêler à la leur, dans toutes les parties morales ou politiques de leur administration. On a vu que ces ministères auraient eux-mêmes autant à gagner, dans l'intérêt de leur administration spéciale, à la création du ministère politique de la police, que l'ordre public et l'intérêt bien entendu des libertés publiques et privées. La centralisation y gagnera, en peu d'années, le procès qu'on lui intente. Rien de plus facile maintenant (après que les ombrages personnels seront écartés, après que les jalousies d'attributions seront évitées) que de bien préciser les rapports de ces départements ministériels avec la nouvelle création,

Dans les conseils mêmes où l'on agitera les questions traitées par ce *Mémoire*, où l'on statuera sur la
création projetée, il devra être bien entendu, et au
besoin stipulé, par un arrêté d'intérieur, que les
divers ministres correspondront habituellement et
obligatoirement avec le ministre de la police sur
les objets pour lesquels je viens de prouver que le
concours était nécessaire;

Il sera décidé que les préfets entretiendront une
correspondance suivie, politique et confidentielle,
avec le ministre de la police générale;

Il sera statué que les lieutenants généraux de
police et les commissaires spéciaux seront en rapport direct et constant avec les autorités de leur
résidence ou de leur ressort, notamment avec les
procureurs de la république et leurs substituts;

Enfin, on accordera aux inspecteurs généraux,
en mission par les ordres du ministre de la police
générale, l'autorisation de se faire donner, dans
tous les lieux de passage, par toutes les autorités,
sous quelque titre et à quelque degré hiérarchique
que ce soit, tous les renseignements et documents

propres à éclairer le ministre, et par lui le gouvernement, sur l'état des affaires et des esprits.

Il suffira de peu de mots, de peu de lignes, pour résoudre et fixer ces moyens d'exécution; mais il faudra y ajouter beaucoup de bonne volonté et de sincérité. On doit compter, à cet égard, sur le patriotisme des ministres de la république.

V.

On a essayé (Napoléon lui-même, et il y a renoncé après un an d'expérience), on a essayé de
réunir la police à la justice.

Rien n'est plus incompatible.

La police est un pouvoir plus ou moins arbitraire
sous un monarque, et toujours exceptionnel, surtout dans un gouvernement représentatif ou républicain, puisque alors elle procède par des lois d'exception.

L'arbitraire ne doit pas avoir d'ennemie plus ir-
réconciliable que la justice; la justice ne reconnaît
que les codes fondamentaux; elle subit, mais elle
n'accepte que sous réserves les lois exceptionnelles.

La police a un pouvoir discrétionnaire (et c'est là

une des premières conditions de son utilité). Il n'y a rien de moins discrétionnel que la justice.

La police varie dans ses formes, dans ses moyens, suivant les circonstances et les personnes : il y a unité d'action, uniformité de moyens, il n'y a jamais acception de personnes de la part de la justice.

Tout est donc différent dans la nature de ces deux pouvoirs.

La police intervient dans tous les actes d'administration; la justice ne peut conserver son indépendance qu'en s'isolant de toute influence étrangère à celle des lois.

Enfin, c'est pour la justice surtout que la police est une auxiliaire utile et indispensable; elle prépare son action, l'éclaire et la facilite; la justice, au contraire, par ses formes carrées, lentes et absolues, gênerait l'action de la police.

La police, qui a précédé la justice, fait plus encore : elle la suit, elle complète ou elle supplée son action.

La police découvre une intrigue, elle en suit les traces, elle en atteint les agents, et, après avoir rassemblé la masse des faits, les éléments de conviction et les personnes des prévenus, elle livre tout à la justice. Où finit le rôle de l'une commence celui de l'autre.

Alors une procédure est entamée; l'instruction et les débats l'éclaircissent ou l'embrouillent (et la lenteur des instructions contribue souvent à ce dernier résultat, en laissant échapper ou s'effacer les indices les plus décisifs). Je suppose que les termes du code deviennent inapplicables, que l'opinion, sévère à l'égard des prévenus le jour du flagrant délit, soit devenue indifférente après six mois d'attente et d'oubli, que l'esprit de la loi condamne les accusés, mais que la lettre les acquitte; ils sont acquittés! Qui préservera la société des conséquences de leur retour dans son sein, au moment où ils triomphent de leur impunité? La police seule par sa surveillance.

L'incompatibilité est donc évidente; mais les relations sont nécessaires.

Les rapports de la police avec la justice (disait Fouché) sont intimes et nombreux. L'action de l'une, l'action de l'autre se touchent de si près qu'elles se pénètrent et semblent se confondre. Sans cesse, elles concourent aux mêmes actes. Combien cependant, en général, ce concours est peu en accord! Entourée de formes qu'elle ne trouve jamais assez multipliées, la justice n'a jamais pardonné à la police sa rapidité. La police, affranchie de presque toutes les entraves, n'a jamais excusé dans la justice ses lenteurs. Les reproches qu'elles se font mutuellement, la société tout entière les fait souvent à toutes deux. On accuse la police d'inquiéter l'innocent, et la justice de ne pas savoir saisir le coupable. Parce qu'elle a été un instrument utile de l'empire, on n'a voulu voir dans la police qu'une arme despotique; parce que la justice est rendue par les organes des lois, on la croit toujours égarée dans le labyrinthe de la chicane. Chez certains peuples, jaloux à l'excès de leur liberté, on a sacrifié la police à la justice; chez d'autres, on a fait de la justice même une police : double erreur. Qu'on examine les lieux et les moments de leur action respective, on verra qu'elles ne peuvent, dans l'intérêt de l'ordre social, ni marcher l'une sans l'autre, ni rester entièrement confondues l'une dans l'autre.

Considérez, en effet, la justice avant qu'elle juge et après qu'elle a jugé. Avant, renfermée dans son temple, elle ne voudra pas en sortir pour promener ses pas et ses regards dans les lieux publics, dans les asiles secrets où la sûreté générale et la sécurité particulière peuvent être troublées, où les délits, les crimes et les forfaits peuvent être médités ou commis. Ce n'est pas seulement sa dignité qui serait compromise, c'est son intégrité. Dans cette surveillance active, les juges seraient souvent témoins, et un juge ne doit jamais l'être. Pour bien peser les témoignages des autres dans ses balances, il ne doit jamais y mettre le sien. La justice, en faisant arrêter elle-même les prévenus, se constituerait avec eux en état de guerre, état si contraire à un bon jugement. Elle n'aurait ni la confiance de l'accusé, ni celle de la société, ni la sienne elle-même, excepté dans les moments où elle aurait perdu celle de tout le monde, comme il arrive souvent aux commissions extraordinaires et aux tribunaux exceptionnels.

C'est la police qui, ayant partout des regards et des bras, peut découvrir et faire arrêter les coupables en tous lieux où les crimes peuvent être commis ou préparés; c'est elle qui a tous les moyens de mettre les prévenus sous la main de la justice, et souvent même (ce qui est plus utile à la société) de prévenir les délits ou les attentats, et, par conséquent, le malheur de ceux qui en sont victimes et la perte de ceux qui s'en seraient rendus coupables. La nécessité de punir tient beaucoup aux imperfections de l'art social, qui ne sait pas prévenir. En punissant le crime, la justice contracte une grande dette envers l'humanité, qui murmure et qui gémit. En le prévenant, la police a le beau rôle; elle fait ce que la législation n'a pas encore trouvé moyen de faire. Rien ne prouve mieux combien la réunion de ces deux puissances est impossible.

Si telle est l'intervention nécessaire de la police avant que la justice soit saisie, cette intervention devient encore plus indispensable après que la justice a rendu l'arrêt qu'il faut exécuter. Est-ce la justice qui dressera les échafauds, qui conduira au supplice les malheureux qu'elle a condamnés? Tous les peuples de la terre ont senti que si le même pouvoir qui prononce une sentence de mort, la fait

exécuter, ce grand, cet auguste pouvoir de la justice
ne paraît plus condamner des coupables, mais tuer
des hommes. La justice, présidant à l'exécution de
ses arrêts, pourrait cesser d'être l'amour des hommes pour en devenir la terreur. Tout ce qui en-
toure la puissance judiciaire ne doit montrer en elle
que la pure et céleste émanation de la raison éternelle; c'est à ce prix qu'elle est une véritable religion
sociale.

Les moments qui suivent les arrêts de la justice
doivent donc appartenir, comme ceux qui les pré-
cèdent, à une action étrangère.

Dans ce partage de fonctions, les plus pénibles
sans doute sont celles que la nature des choses réserve à la police. Mais quand ceux qui prononcent
un arrêt ne le font pas exécuter, quand ceux qui
président aux moyens d'exécution ne l'ont pas pro-
noncé, la rigueur des deux ministères se tempère
l'une par l'autre. Pour les magistrats de la police,
l'exécution des décrets de la puissance judiciaire se
place sous le même point de vue et presque à la
même distance que pour la société elle-même.

L'incompatibilité étant bien prouvée, examinons

comment doivent s'établir les rapports des deux autorités.

La loi est leur règle à toutes deux; seulement il y a, il peut y avoir des lois spéciales de police.

Mais quand la police n'agit que pour livrer à la justice les prévenus auxquels celle-ci doit appliquer les lois générales, elle doit s'imposer le respect des formes protectrices de la liberté publique et de la liberté individuelle.

Ainsi, et avant tout (hors des cas où la raison d'État et des lois exceptionnelles lui auraient créé un droit extraordinaire), la police ne doit garder sous sa main un citoyen que le temps nécessaire pour le livrer à la justice, avec les premiers éléments de la prévention qui pèse sur lui. Pour toutes les arrestations, et à tous les instants, les agents de la police doivent donc être en état de produire les preuves écrites qui constatent le moment précis où un citoyen a été arrêté et celui où il a été déposé sous la garde des lois. La société tout entière a le droit d'interroger et le ministre de la police, et les préfets, et tous leurs agents.

Les magistrats de la police n'oublieront jamais

combien il est dangereux de faire des arrestations sur de simples soupçons. On a vu, récemment, par quelques exemples dont les tribunaux ont retenti, ce que l'inexpérience des conseils de guerre et la précipitation de la police elle-même avaient apporté de confusion dans les arrestations en masse, où des hommes sans reproche et fort honorables se trouvaient englobés, soit par les hasards de la rue, soit par suite de dénonciations dictées à des ennemis personnels par de honteuses passions. De telles erreurs doivent rendre les consciences des agents de l'autorité attentives et tremblantes! ce doit être un poids si lourd, sur un noble cœur, que la condamnation d'un innocent! Plus la police a de latitude, plus elle doit garder de réserve, en temps de révolution surtout. Et c'est pour cela qu'il est bon, qu'il est utile que la police soit présidée par un homme supérieur en dignité comme en raison, par un personnage assez élevé pour offrir une garantie solennelle à tous les torts, à toutes les fautes, même à tous les crimes qui ressortissent à sa juridiction. Plus haut sera placée la magistrature suprême de la police, plus elle inspirera de respect, plus aussi elle pourra faire de bien et empêcher de mal ; plus encore elle inspirera de confiance à la justice, comme aux justiciables.

De son côté, la justice, tout en conservant son indépendance, aura, en effet, plus de foi dans l'autorité d'un ministre responsable et dans les renseignements ou les témoins qu'il pourra produire devant elle, à travers les grandes causes politiques qui intéressent la sûreté de l'État. On ne verra plus se reproduire le scandale de quelques interventions subalternes d'agents provocateurs et de dépositions dictées qui, à d'autres époques, ont entaché des procédures fameuses. Un ministre de la police n'enverra devant les juges que des dossiers avouables et des témoins dignes de confiance. Quand l'institution d'un ministère de la police générale n'aurait que cet avantage, ce serait déjà un grand bienfait pour la société. Et il a bien d'autres services à rendre.

J'ai rappelé dans l'exposition des matières de ce *Mémoire* qu'un ministre de la justice avait demandé lui-même au roi Louis-Philippe le rétablissement du ministère de la police. Avant lui déjà un autre

garde des sceaux avait compris que les deux autorités de la justice et de la police étaient inconcilia-
bles. En avril 1832, quand M. C. Périer, président
du conseil et ministre de l'intérieur, était sur son lit
de souffrance, le roi, voulant assurer les services de
l'intérieur (quant à la présidence, il se la réservait),
nomma M. Barthe ministre intérimaire. Celui-ci
ne fit qu'une courte apparition au ministère de la
rue de Grenelle et retourna à la place Vendôme,
après une conversation avec l'un des intimes de
M. C. Périer qui lui prouva que lui, garde des
sceaux, était plus incompétent qu'aucun autre de
ses collègues pour occuper cet intérim. « Ministre
« de la justice, vous ne pouvez (lui dit-il) être mi-
« nistre de la police, car vous seriez obligé de signer
« de la main gauche des ordres contraires à ceux
« que vous auriez signés de la main droite; il vous
« faudrait ignorer, en lisant un portefeuille, ce que
« vous auriez vu dans l'autre. » Ce fut le thème de
la conversation, féconde en développements et en
applications, que l'esprit distingué de M. Barthe
comprit parfaitement. Il se retira, et, le lendemain, M. de Montalivet, ministre de l'instruction

publique, fut chargé de l'intérim du ministère de l'intérieur.

Cet exemple est concluant.

Quant aux précautions à prendre pour assurer la séparation, la distinction des deux autorités de la police et de la justice, elles sont tout indiquées par les lois; elles sont écrites dans les principes que je viens d'exposer dans ce paragraphe; elles seront garanties surtout par la responsabilité respective des deux ministres chargés des deux départements. C'est à l'organisation centrale du ministère de la police et aux instructions qui régleront, dans les départements, les rapports des lieutenants et commissaires généraux avec les préfets et procureurs de la république, à compléter les mesures qu'exige la prudence d'une bonne administration. Avec deux ministres égaux en droits et en patriotisme, tout sera facile, tout sera bien réglé.

VI.

« Quelles branches des services publics actuels de-
« vraient être rattachées utilement à la haute police
« de l'État pour relever son influence morale, pour
« étendre son action politique? »

Je vais le dire.

La police telle que je l'ai définie devant être prin-
cipalement préventive, il faut mettre à sa disposition des moyens préventifs. Or, pour les classes
lettrées qui conduisent les autres, comme pour les
classes ignorantes qui se laissent conduire, le bien-
être personnel est le plus puissant préservatif contre
l'esprit d'erreur des uns, contre l'esprit de sédition
des autres.

La surveillance de l'opinion implique donc le

droit de la diriger. La vigilance qui contient l'é-
meute remplirait d'autant mieux sa tâche, qu'elle
aurait les moyens de combattre la misère. Ainsi, la
police générale doit embrasser dans ses attributions, d'un côté, l'administration de *l'imprimerie*,
de *la librairie* et des *théâtres*, qui agissent incessam-
ment sur les idées et les imaginations ; de l'autre,
elle doit disposer des secours et subventions que
l'État veut centraliser aujourd'hui sous le nom
d'*assistance publique*. Agir sur les gens de lettres,
c'est diriger l'esprit du temps ; aider le travail et
secourir l'infortune, c'est maîtriser l'émeute, car
le malheur est toujours le conseiller de la révolte.

Parlons d'abord de l'imprimerie.

Les imprimeurs sont placés par la législation qui
les concerne, surtout par la loi du 21 octobre 1814,
dans une position exceptionnelle, comme toutes les
professions à privilége et à brevet. L'administration
pèse sur eux sans relâche ; leur dépendance est de
tous les instants ; leur profession est sans cesse me-
nacée. Car on peut constater, à toute heure du
jour, une contravention dans leurs ateliers, dans
leurs travaux, et la loi donne au ministre le droit

de retirer son brevet à un imprimeur quand il a été
condamné pour contraventions. Ce droit est si exor-
bitant qu'on n'a osé s'en servir qu'une fois sous la
Restauration ; mais il n'en existe pas moins comme
une menace qui assure à l'autorité une influence
morale sur les imprimeurs. D'un autre côté, la so-
lidarité que plusieurs cours ont établie souvent dans
leurs arrêts entre les auteurs et les imprimeurs des
écrits condamnés exerce sur ceux-ci une intimida-
tion qui leur prescrit beaucoup de prudence. Voilà
donc, en quelque sorte, deux moyens de censure
indirecte qui contiennent les écarts de cette industrie, et nous avons vu, en effet, des imprimeurs re-
fuser leurs presses (sous ce double péril) à des ouvrages qui leur paraissaient condamnables. Je ne
dis pas que cela soit bon en principe ; car, qui dit
liberté de la presse dit aussi liberté d'imprimer, et
la responsabilité de l'auteur doit tout couvrir : on
ne punit pas l'armurier qui a fabriqué le fusil dont
un malfaiteur s'est servi. La condamnation des imprimeurs est une censure déguisée. On l'a dit, on
l'a prouvé dans des plaidoiries remarquables. Mais
j'établis un fait ; je dis ce qui est : la jurisprudence

n'est pas fixée à cet égard; elle ne le sera jamais, parce qu'il dépendra toujours des juges, surtout en matière correctionnelle, d'apprécier à leur point de vue, non pas seulement le concours matériel que l'imprimeur aura offert, par ses presses, à un écrivain, mais l'assentiment plus ou moins volontaire, plus ou moins évident qu'il aura donné à l'œuvre en elle-même; et, dans ce cas, ce n'est pas un instrument, c'est un complice que l'on frappe d'une condamnation.

L'autorité a donc, sous ces deux rapports déjà, des moyens puissants d'action pour maintenir l'imprimerie dans une ligne convenable. Elle en a d'autres, moins rigoureux, et non moins efficaces, dans les encouragements dont elle peut disposer en faveur des imprimeries bienveillantes, et dans les souscriptions qu'elle accorde aux ouvrages publiés par elles. Les imprimeurs le savent. Il faut en profiter. C'est ainsi qu'on tournera la presse par les presses!

Quant aux écrivains, on n'a jamais su s'y prendre avec eux. Le gouvernement de Juillet, né de la presse, né de l'opposition des journaux, s'est posé immédiatement en ennemi devant les plumes. Le pouvoir encourageait les artistes ; et, encore, par des travaux à la toise, qui mécontentaient les hommes supérieurs, sans satisfaire les subalternes. A l'égard des écrivains, on était malveillant ; on ne les comprenait pas, même les ministres arrivés par leur talent. Un des griefs de M. de Lamartine contre Louis-Philippe, et le plus puissant sur cette haute vanité, c'est que le roi, qui l'avait reçu quelquefois comme député de Saône-et-Loire, ne lui avait jamais parlé des beaux vers de Lamartine le poëte. Vingt fois on avait conseillé à ce gouvernement de faire un grand journal, le *Moniteur* par exemple, à l'aide de toutes les plumes littéraires et scientifiques qui touchaient quelque chose du budget, en ne leur demandant qu'un grand article signé par mois. Il y avait là de quoi défrayer ce journal, toute l'année, avec des pages recommandées par tous les grands noms. On y joignait l'attrait des séances de la Chambre, sténographiées dans toute leur étendue, et celui non moins puissant des nouvelles officielles. Ce journal, donné à

vingt-cinq francs, aurait effacé tous les autres.
Les gens de lettres y auraient trouvé une tribune
permanente et une caisse paternelle. Au lieu de
cela, on a gaspillé des fonds dans des subventions
inutiles à des journaux usés, qui n'ont servi à
rien, ou à des créations scandaleuses de feuilles
nouvelles qui ont fait beaucoup de mal au pouvoir. Il fallait aussi un salon aux gens de lettres.
On s'est offusqué de celui de madame la duchesse
d'Orléans, qui n'a pas eu toute sa liberté à cet
égard. Au moins aurait-on dû avoir pour directeur de l'imprimerie, de la librairie et des beaux-
arts, un homme intelligent, riche, et de mœurs
élégantes, qui ouvrît son hôtel aux artistes et
aux ittérateurs. Mais c'était un simple employé
sans moyens d'influence personnelle, qui pré-
sidait à ce service si important et si délicat.
Que, demain, un ministre soit placé à la tête
des directions lettrées et savantes, qu'il ait une
table, un salon, des concerts, des bals, de bonnes manières, un esprit cultivé et bienveillant,
et vous n'aurez plus à vous inquiéter de ces
classes si irritables, mais en même temps si fa-

ciles à concilier par de bons procédés et de bonnes paroles.

Pour les grands théâtres, c'est encore plus important. Depuis qu'on a réduit cette partie du service à la taille d'un chef de bureau, l'administration n'a rencontré que des difficultés et des procès avec les directeurs, les auteurs, les acteurs. Il n'en était pas ainsi sous la Restauration, où ces entreprises étaient placées sous la juridiction, et en même temps sous la protection d'un ministre de la maison du roi. Un ministre est plus conciliant qu'un commis. Par cela même qu'il peut davantage, il ose moins contre ses administrés, e on ose moins contre lui D'ailleurs (et c'est ici une question politique qui prédomine), l'esprit des théâtres est un des moyens d'influence du gouvernement. C'est à lui d'y donner l'impulsion, selon l'exigence des temps. Il peut faire de cette grande distraction publique une vaste école sociale. La censure n'est pas seulement utile pour le pouvoir, elle est indispensable pour la société ; car combien d'individus, de familles, de classes, n'ont d'autre enseignement que le théâtre ! La censure existe aux États-Unis, non pas dans un intérêt politique, mais dans l'intérêt moral des populations. Une bonne police, qu'on le sache bien, est le corollaire obligé d'une vraie liberté. En même temps qu'il faut surveiller les idées, je crois qu'il faut émanciper la spéculation. Pourquoi des priviléges et des monopoles ? Laissez la concurrence éveiller la curiosité publique. Laissez le public prendre son plaisir où il le trouvera. Avec la censure, vous préservez les mœurs et les personnes ; avec des priviléges, vous créez des abus, des obsessions, des jalousies, des hostilités, des scandales comme ceux de la création du *Théâtre lyrique* : le gouvernement a tout intérêt lui-même à se décharger de pareils ennuis et de la responsabilité qu'ils lui imposent.

Il est bien entendu que la censure ne franchira jamais le seuil des théâtres. La liberté de la presse doit être absolue, sauf la répression légale, sauf la prudence des imprimeurs, sauf l'action conciliatrice du ministre sur les écrivains. La presse est la soupape de sûreté de la grande machine sociale ; et elle est plus indispensable que jamais, à une époque de haute pression ,comme celle-ci.

Voilà pour l'action intellectuelle. Mais la société a aussi des besoins matériels à satisfaire. Les classes laborieuses sont devenues, par un trop long chômage, les classes souffrantes ; et le passage est rapide de la misère à la sédition. On l'a vu à l'époque de la dissolution des ateliers nationaux. C'est donc le ministre, gardien de la paix publique, qui doit être naturellement le dispensateur des grâces et des secours destinés à soulager le malheur, à consoler les familles, à prévenir les mauvais conseils du désespoir. Beaucoup d'institutions sont proposées qui doivent être réunies sous la main d'un directeur de l'*assistance publique*. Ce directeur naturel, c'est le ministre de la police, qui peut savoir où sont les souffrances, où sont les dangers. Ces institutions se lient d'ailleurs à la surveillance et à l'organisation des classes ouvrières, qui commencent à se pénétrer du sage esprit des associations mutuelles de l'Angleterre. J'indique ailleurs que la vigilance du ministre de la police générale doit s'exercer avec attention sur les grandes concentrations d'ouvriers que les villes manufacturières, comme Saint-Étienne ou les travaux de chemins de fer, occasionnent sur certains points du territoire. Les cités ouvrières, dont la pensée se développera en France, réclament aussi sa sollicitude. Cette observation permanente des classes ouvrières procure au ministre la connaissance de leurs besoins ; donnez-lui donc les moyens d'y satisfaire raisonnablement, et vous rendrez son action politique d'autant plus douce que vous aurez facilité son action morale.

Je n'insiste pas plus longuement sur cette démonstration, qui porte ses preuves avec elle.

Ainsi fortifiée et moralisée, l'administration de la police perdra les couleurs trompeuses sous lesquelles on a toujours essayé de la présenter, et se montrera, au contraire, environnée de prestiges qui ajouteront à sa puissance en lui rendant sa dignité : la police est le lien de la cité, le lien de la société ; son nom n'a jamais signifié autre chose, et c'est pour lui restituer son caractère véritable, c'est pour ajouter à son utilité, c'est pour en faire un grand moyen de gouvernement et de paix, qu'il faut, en effet, élever et agrandir ses attributions.

VII

Les questions d'argent se retrouvent au fond
de toutes les questions du jour. L'État est obéré,
et il y a lieu de craindre que l'Assemblée, toute
convaincue qu'elle serait de l'utilité d'un ministère de la police, reculât devant la dépense de
cette création. Aussi, dans le cas où les ressources du budget ordinaire ne fourniraient pas
le subside nécessaire à cet établissement nouveau, il y aurait moyen d'y pourvoir par une source
toute spéciale de revenus : c'est ce que je vais démontrer.

Mais il faut que le gouvernement, pour apprécier le moyen proposé, s'affranchisse des préjugés
vulgaires de la fausse philanthropie, comme il
s'affranchirait des préventions du faux libéra-

lisme en créant, sous un gouvernement républicain, un ministère de la police. Il faut être conséquent et répudier les hypocrisies des faux puritains comme celles des faux libéraux.

Le budget du ministère de la police, pour ne pas
surcharger le budget général de l'État, pourrait
être imputé sur le produit des jeux, comme cela
existait sous l'Empire et sous la Restauration. La
suppression de quelques maisons de jeux publiques a été si féconde en abus de tous genres (nous
allons les dire), que c'est au nom de la morale
qu'il faut, aujourd'hui, rétablir une institution
qu'on avait abolie comme immorale. Ce fut une
erreur de la Chambre de 1836, et les inconvénients qui en ont résulté depuis, et qui se mul-
tiplient chaque jour davantage, l'ont prouvé sur-
abondamment.

Voyez par quel enchaînement de sophismes on
est arrivé à l'abolition des maisons de jeux.

Ces maisons n'étaient que tolérées, et, par conséquent, on n'inscrivait pas au budget les redevances qu'on en retirait, pour payer, en grande
partie, les frais de leur surveillance, ou pour sou-

lager des infortunes qui n'avaient pas de titre légal à invoquer devant l'État. Ce n'était pas un impôt, puisque c'était une rétribution volontaire que consentaient d'eux-mêmes les hommes qui sollicitaient une de ces tolérances.

Alors, les puritains du temps (c'était sous la Restauration) imaginèrent de réclamer contre cette perception occulte qu'ils traitèrent de concussion, et il n'y avait rien là d'occulte que le vice qu'on surveillait et le malheur qu'on secourait. Ils exigèrent donc que la recette en question fût portée au budget de l'État, ne s'apercevant pas que, sous un prétexte moral, ils consacraient au nom de la loi, au nom de l'État, des immoralités qu'on s'était contenté de tolérer. Les rétributions des jeux figurèrent au budget ; cela dura quinze ans.

Survinrent d'autres puritains (c'était sous le gouvernement de Juillet), se récriant, à leur tour, contre une recette immorale qui ne devait pas prendre place dans le budget ; et, comme il résultait de ces deux systèmes contraires que les recettes des jeux ne pouvaient être ni *secrètes* ni *avouées*, on en conclut qu'il fallait les supprimer, c'est-à-dire supprimer la surveillance exercée sur un vice qu'on ne pouvait pas abolir, du même coup, par un article de loi.

C'est ainsi que le gouvernement, au moment où il perdait les recettes de la loterie qui lui produisaient 7 millions de bénéfices nets (tous lots et tous frais de perception payés), perdit la redevance annuelle des jeux, qui, d'abord élevée jusqu'à 8 millions, était descendue (pour l'État, car la ville en gardait quelque chose) à 5,500,000 fr. fixes, dont l'emploi purifiait suffisamment la source. En voici le tableau :

Dépenses secrètes ordinaires........	1,500,000 fr.
Établissements de bienfaisance........	448,000
Secours aux colons...........	1,000,000
Secours généraux aux bureaux de charité, institutions de bienfaisance et autres.	390,000
Secours aux sociétés de charité maternelle..................	100,000
Travaux de la Madeleine, de l'Arc-de-Triomphe et des Sourds-Muets. ...	762,000
Subvention aux théâtres royaux et à la caisse des pensions de l'Opéra.....	1,300,000
	5,500,000 fr.

Or, telle fut l'inconséquence de ces puritains économes, qu'ils furent obligés de reporter sur le budget de l'État toutes ces dépenses, imputées précédemment sur le produit des jeux ; l'opération se résuma donc en une diminution de recettes de 5 millions et demi, et, par suite, une augmentation de dépenses d'autant.

Mais, à part la question financière, qui n'est pas à dédaigner aujourd'hui, revenons à la question morale.

J'ai parlé tout à l'heure des graves inconvénients que l'abolition des jeux avait entraînés ; ils sont de deux espèces. Il faut compter d'abord la perte considérable éprouvée par un grand nombre d'industries qu'alimentait le séjour d'étrangers riches en France. Des calculs, basés sur des appréciations suivies durant plusieurs années, n'élevaient pas à moins de 25 millions par an les sommes que cette immigration répandait sur le commerce de la capitale. Comptez ce que l'impôt indirect retirait en même temps de cette consommation, en dehors de la redevance directe de 5,500,000 francs.

Un autre abus plus grave, plus nuisible, et qui ne se solde pas seulement en impôts perdus par l'État, en bénéfices ravis au commerce, mais en ruine et en désastres pour les familles, c'est la clandestinité des tripots obscurs qui ont succédé aux maisons publiques et surveillées ; car, répétons-le, ce n'est pas le vice qu'on a supprimé, c'est la surveillance dont il était l'objet. Chaque jour, le tribunal de police correctionnelle est appelé à juger des délits de ce genre. Les jeux occultes se sont multipliés dans Paris ; la police est obligée de perdre beaucoup de temps et de frais à leur recherche ; car c'est là que des fils de famille et des comptables sont livrés sans défense à l'industrie criminelle des *grecs*, appuyés par les séductions des femmes de mauvaise vie.

Ce sont là deux graves considérations que l'intérêt bien entendu des finances de l'État, du commerce de Paris, et de la sécurité des familles, recommande à l'attention du gouvernement.

La question de légalité sera-t-elle opposée aux réclamations qui s'élèvent ? Elle est facile à résoudre. Je sais qu'une *Note* spéciale sur cette question a été préparée pour être soumise au conseil des ministres, et, s'il le faut, à l'Assemblée législative. On a bien voulu m'en confier quelques extraits, et, comme ils s'adaptent parfaitement à mes propositions, non-seulement sous le point de vue du budget à établir pour le ministère de la police, mais sous le rapport même de ses attributions de haute morale, je me permets d'en reproduire ici les passages principaux.

Dans cette *Note*, après avoir fait remarquer que le Trésor, épuisé par tant de sacrifices indispensables et d'abolitions ou de diminutions d'impôts, ne doit récuser aucune compensation, on expose ainsi l'intérêt spécial de la ville de Paris :

« La ville de Paris (écrivait-on au mois de septembre 1849), et nous pouvons ajouter toutes les villes de fabrique et les places de commerce qui concourent aux industries de luxe, souffrent beaucoup depuis vingt mois ; ces industries comprennent la bijouterie, la carrosserie, la vente des chevaux, des armes de luxe, des bronzes, des curiosités de tout genre, des cachemires, soieries et dentelles, etc., etc.

« Quelles sont les causes réelles de ce dépéris-
sement des affaires les plus profitables pour le
commerce de l'aris? Avouons-le : la première,
c'est l'absence des étrangers, c'est celle des riches, éloignés de nous, non plus par le désordre
des rues qui a cessé, mais par là privation des
jouissances habituelles que la capitale leur procurait autrefois, sous la protection même du gouvernement.

« Ne nous dissimulons pas que les capitales offrent et doivent offrir aux passions, même rui-
neuses, un appât, un aliment et une sécurité parfaite. C'est utile au commerce; c'est nécessaire
aux malheureux. La ruine des prodigues est la
richesse des pauvres; les débris de la fortune
des uns s'éparpillent sur les autres.

« Or, depuis quelques années, un puritanisme
peu intelligent a retranché des mœurs et des habitudes de Paris un des attraits les plus puissants
pour l'étranger opulent qui venait cacher dans la
grande ville son amour pour le jeu et y laisser
toujours l'or qu'il y avait gagné ou perdu. Grâce
à cette pruderie impolitique et anticommerciale,

d'autres pays, d'autres villes ont profité des bénéfices que la France retirait d'un état de choses accrédité durant un demi-siècle. Baden, Hombourg, Wisbaden, Ems, Spa, Aix-la-Chapelle et beaucoup d'autres lieux ont recueilli les étrangers et leurs richesses écartés de la France. Nos villes de bains, privées d'une sage tolérance accordée par le gouvernement impérial et continuée jusqu'en 1838, ont perdu les avantages qu'elle leur procurait. On peut s'en assurer par les registres de leurs recettes et par les états de passe-ports à destination de ces résidences. Le jeu, c'est pourtant la maladie principale, et la seule souvent, que l'on porte aux établissements d'eaux minérales. On ne s'en guérit pas, il est vrai; mais les villes à eaux y gagnent ou l'argent perdu par les joueurs malheureux, ou les dépenses faites par les joueurs heureux, toujours prodigues d'un or si facilement acquis. Ce que nous disons des étrangers s'applique à un grand nombre de nos riches. C'est donc une double perte; l'étranger ne vient plus chez nous, et nos nationaux vont à l'étranger.

« Les physiologistes pourraient ajouter à cet

exposé que le jeu lui-même est souvent, pour de vrais malades qui vont aux eaux, un moyen de traitement, un agent curatif. Les émotions qu'il procure, l'énergie qu'il imprime à l'imagination et qui se communique aux sens, la chaleur de la passion, ce sont là des éléments d'action qui peuvent devenir des éléments de guérison. Cela n'est pas moral peut-être, mais c'est vrai. Nous laissons à la science le soin d'en décider. Mais nous ne pouvons nous empêcher de faire remarquer qu'il n'y a pas, en Europe, une maison de bains qui ne soit, comme par une conséquence forcée, une maison de jeu. L'empereur, en étendant aux villes à eaux minérales le privilége de Paris, avait apprécié cette nécessité; on les en a privées. Aussi tout le monde va prendre les bains minéraux en Allemagne.

« L'objet de cette *Note* est donc de demander au gouvernement de la République, non pas le rétablissement de maisons de jeu, avec leurs anciens désordres, flétris par les parlements, avec les inconvénients reconnus sous l'Empire, avec l'extension même qu'elles avaient reçue sous l'ancien privilége; mais l'établissement à nouveau d'une entreprise exploitant, seulement à Paris, plusieurs cercles de haute condition, inabordables à la misère et au vice, entourés de toutes les précautions possibles, et, en même temps, dans chaque ville de bains, un salon, soumis également à des règles sévères. C'est, en un mot, l'exécution de l'article 4 du décret rendu, en 1806, par l'empereur qui, en supprimant, par ce décret même, toutes les maisons de jeu de l'Empire, concédait à la raison d'État et aux intérêts du commerce parisien un privilége d'exploitation pour la ville de Paris et pour les villes à eaux minérales.

« Supposons un *cercle* de Paris, établi dans un hôtel somptueux, dans le plus beau quartier de la ville, n'admettant que les étrangers ou de riches Français, offrant tous les attraits de luxe et des arts, concerts, fêtes de tout genre, une bibliothèque, des tables bien servies, et, pour la nuit seulement, le jeu réservé aux personnes présentées et admises sous le contrôle de l'autorité elle-même; pas de mineurs, pas d'employés de commerce, pas d'artisans, et partout une surveillance publique et privée, de tous les instants, sur tous les individus ; accordez des succursales à l'entrepreneur dans les villes de bains ou de courses, sous les mêmes conditions, et avec toutes autres précautions que vous pourriez imaginer ; il y aurait là sûreté pour la morale publique, profit pour le Trésor largement admis aux bénéfices, et activité pour le commerce qui, nous le répétons, récolte toujours, en définitive, l'argent semé par le jeu. On ne citerait pas un exemple d'un joueur, retiré avec ses richesses, fondées et conservées. Le joueur dépense tout ce qu'il gagne ; bijoux, parties de plaisir, équipages, théâtres, tissus précieux, objets de luxe, voilà comment le jeu rend à la circulation ce qu'il en a retiré : c'est donc un agent de prospérité. L'État retrouverait cinq à six millions d'impôt spécial, en outre de tous les impôts directs ou indirects que lui rapporteraient la résidence à Paris d'un grand nombre de riches étrangers et une consommation de plus de vingt-cinq millions en dépenses de toute nature. Au reste, en abordant cette question, nous sentons le besoin, pour le gouvernement comme pour nous-mêmes, d'en éclairer l historique, mal jugé parce qu'il est mal connu ; rétablissons les faits ; établissons le droit. Beaucoup de scrupules seront dissipés par cet exposé sincère. »

La question de légalité, qui n'occupe pas moins de vingt-cinq pages de la *Note* dont il s'agit, y est traitée d'une manière complète. Elle y est dominée par la question politique; et, en effet, on y prouve que les dispositions contradictoires, prises, à diverses époques, par les gouvernements ou par la législature, ont été toujours dictées par l'esprit politique du moment. Ainsi, les mêmes pouvoirs ont tour à tour permis ou interdit les jeux, en principe, ou quelques maisons de jeux, par tolérance. Ces tolérances ont existé, et la perception des redevances qui en étaient le prix a été effectuée en présence même des lois de prohibition. Jamais question n'a été plus confuse, jamais lois n'ont été plus ouvertement éludées. La force des choses le voulait ; tous les hommes considérables des Chambres de 1836 ont lutté contre l'abolition proposée et en ont prédit les dangers ; tous ont établi victorieusement que c'était là une question de haute administration, une question de gouvernement, et non de législature. Enfin, un amendement à la loi de finances, et non pas une loi spéciale, prononça cette abolition ; et l'on discute avec autorité, dans la *Note*, la question de savoir si cet amendement pouvait prévaloir contre le décret législatif du 24 juin 1806, qui, tout en abolissant les jeux, avait fait une réserve de tolérance pour Paris et pour les villes à bains minéraux, réserve qui, seule, de 1806 à 1838, procura au Trésor une perception de 176 millions, et à la ville de Paris un revenu fort bien employé. Or, une révolution fondamentale est survenue qui a profondément modifié les idées. C'est au rétablissement de ce décret que conclut la *Note*, avec toutes les précautions que la sagesse du gouvernement croirait devoir prendre, dans l'intérêt général, pour limiter le nombre des maisons, les heures d'exercice, les qualités des joueurs, les âges d'admission, et enfin pour donner à la surveillance intérieure toutes les garanties désirables.

Je ne saurais résister au besoin de citer encore les considérations qui terminent cette *Note*, parce que j'en adopte la pensée tout entière.

« Il nous resterait, disent les signataires du

travail, à examiner la question sous le point de vue de l'intérêt républicain ; car nous ne voulons pas taire qu'aucune question ne peut, ne doit être résolue aujourd'hui en dehors de cet intérêt prédominant. Eh bien! sous ce rapport même, il n'y a pas à hésiter.

« L'État se trouve placé entre trois difficultés graves, qui, de jour en jour, menacent plus sérieusement son Trésor.

« 1° Les suppressions ou diminutions d'impôts que les doctrines libérales et les intérêts populaires le condamnent à réaliser ;

« 2° L'abaissement des produits indirects, amené par le ralentissement des affaires, des transactions, et de la consommation générale;

« 3° Et les augmentations de dépenses rendues inévitables, impérieuses, urgentes, par la défense du pays, par la compression des partis, et par la réparation nécessaire de tant de malheurs et de souffrances.

« L'augmentation des dépenses et la diminution des recettes offrent un problème à résoudre qui ne permet de sacrifier aucune ressource utile et productive.

« Or, comment récuser un impôt volontaire, un impôt qui ne pèse pas sur le peuple, un impôt qui sert, en même temps, de moyen de contrôle et de surveillance?

« On a beaucoup parlé d'impôts somptuaires à établir. Y en a-t-il un de plus naturel, de plus vrai qu'un impôt sur les passions, impôt payé spontanément par le superflu, impôt qui profite à la sûreté publique, aussi bien qu'au Trésor, puisqu'en frappant un vice, il donne le moyen de le surveiller? Le pauvre, le travailleur, le public n'en est pas atteint. C'est une classe toute spéciale, une minorité qui paye cet impôt, et cela soulage d'autant la majorité. C'est le luxe qui paye, c'est l'État qui profite. Oh! si l'on pouvait imposer ainsi toutes les passions, tous les écarts, tous les travers qu'on ne peut supprimer, combien la société y gagnerait pour son repos, comme pour l'économie de ses finances ! *Cet argent sent-il mauvais?* demandait le père de Titus, en présentant à son fils le produit des vespasiennes de Rome. *Cet argent sent bon*, dirions-nous, en offrant le tribut des jeux avoués et surveillés ; car c'est (on l'a vu par le compte-rendu de l'emploi de leur produit), ç'es autant de repris sur les riches au profit des pauvres, autant de garanties données à la société contre le crime. Ne serait-ce point là un résultat républicain? Eh quoi ! vous imposez l'air, le jour, le feu, l'eau, toutes les choses les plus essentielles à la vie de l'homme, et vous répudieriez un impôt prélevé sur le vice de quelques individus ! Ce serait mentir aux principes de la démocratie.

« Que résulte-t-il, en effet, du système des prohibitions absolues ? Une licence plus dangereuse. Les arrêts si sévères du parlement avaient encouragé un scandale bien grave. Plusieurs ambassadeurs, abusant de la franchise et de l'inviolabilité de leurs hôtels, laissaient jouer, chez eux, à tous les jeux défendus. Celui de Venise, par exemple, avait disposé dans sa maison quatre salles, dont une, désignée sous le nom de l'*Enfer*, était ouverte aux artisans et aux hommes de la dernière classe du peuple. Ce fut ce même ambassadeur qui établit à Paris, comme dans son pays, l'usage de jouer en *masque*, usage dont on comprend le danger. La République peut-elle s'exposer à de pareils désordres ?

« La loi de 1836 a produit de semblables inconvénients. Des tripots occultes se sont établis, où
tous les vices réunis ont trouvé leur satisfaction :
c'était tripler le mal au lieu de le guérir. On a
compté par centaines les maisons où des bandes
d'escrocs et de voleurs, soutenues par des filles de
bas étage, exploitaient les jeunes gens sans défense. Ajoutez-y le péril du mystère, qui permet
des violences, des spoliations, peut-être des
meurtres, toutes choses impossibles dans des maisons soumises à la surveillance de l'autorité.
N'insistons pas sur ces dangers, attestés par les
procès-verbaux quotidiens des commissaires de
police et par les tables de la Morgue, où figurent
tant de morts anonymes. Les journaux ont suffisamment édifié le public à cet égard. En république tout doit se passer au grand jour. Chacun
a la responsabilité de ses œuvres. Laissez les passions se montrer, pour qu'elles ne se cachent pas
dans le crime. La publicité est le meilleur préservatif, contre elles et pour elles !

« Autre considération toute gouvernementale,
et qui n'est pas sans importance. Un des princi-

paux embarras du gouvernement déchu, dans les douze dernières années de son règne, c'étaient les demandes extraordinaires de fonds secrets qu'il était forcé de présenter annuellement aux Chambres, par suite de la suppression du bail des jeux, sur lequel cette dépense de police avait été imputée jusqu'en 1836. Chaque année, on lui marchandait ce crédit, indispensable à tout pouvoir, et surtout dans des jours d'agitation comme ceux où nous vivons. Le gouvernement républicain peut s'affranchir de cette servitude annuelle, en reprenant sur les produits de cercles avoués une somme suffisante à cette nature de dépense. La recette prélevée sur des passions servira (comme l'a dit un des adversaires mêmes du principe des jeux) à surveiller, à comprimer d'autres passions plus funestes à la société en général. C'est encore là une utilité pour la République; c'est de la bonne administration; c'est de la vraie morale, meilleure et plus applicable que celle de la loi de 1836.

« Le législateur n'est pas heureux, dans son action, quand il veut obtenir par les lois des ré-

sultats qu'on ne peut attendre que des mœurs.
Les mœurs conduisent les nations plus sûrement
que les lois, et les lois n'empruntent la plus grande
partie de leur influence que de leur accord avec
les mœurs. Il y a malaise quand les unes devan-
cent les autres, à plus forte raison quand elles
veulent les violenter. On l'a vu dans tout le cours
de l'histoire de France, pour ce qui concerne le
duel. Les rois, les parlements, toutes les souve-
rainetés ont échoué contre une habitude passée
dans les mœurs nationales. Il est même à remarquer que, plus la pénalité était sévère, plus le délit se multipliait. Les duels n'ont jamais été plus
fréquents qu'à l'époque où les duellistes étaient
menacés de la peine de mort. Au point d'honneur
qui bravait une épée se joignait celui qui bravait
une hache. Le courage s'augmente avec le danger.
C'est une loi du cœur humain et du caractère
français. La même observation s'applique à la législation sur les loteries, sur les maisons de tolérance, sur les tours de la maternité ; non pas
que le point d'honneur soit ici pour quelque
chose, mais nous voulons dire qu'on ne fait pas

de la morale publique avec des articles de loi. La suppression des tours pour les enfants abandonnés a multiplié les suicides et les infanticides; celle de la loterie publique a fait naître des loteries clandestines, où l'on vole impunément de pauvres familles. Nous ne saurions énumérer tous les inconvénients qui ont résulté de tant de mesures sévères adoptées contre la prostitution. Mais la santé publique en a souffert autant que la paix des ménages, et, tandis qu'on voulait réprimer un vice naturel, on acclimatait en France un vice contre nature qui y était presque ignoré avant 1814 et 1815, époque de l'invasion de la France.

« Que faut-il en conclure ? C'est qu'il y a des passions, comme il y a des préjugés qu'un législateur prévoyant et un gouvernement habile doivent savoir ménager. On corrige ce qu'on ne peut détruire, on surveille ce qu'on ne peut empêcher, mais il faut renoncer à remplacer le cœur humain par des lois écrites. Une religion douce et persuasive, l'instruction publique bien dirigée, des théâtres animés d'un bon esprit, les exemples des hautes classes, voilà les vrais moyens d'agir

sur la morale publique. Quant aux passions re-
belles à ces influences, ne cherchez pas à les comprimer, ne les refoulez pas dans l'ombre, où le
crime se glisse avec elles; laissez-les s'exercer sous
votre contrôle ; contenez leurs écarts, et vous n'y
parviendrez que si elles sont tolérées, au lieu
d'être réduites à se faire clandestines. La morale
publique veut, comme la salubrité, des déversoirs,
des dérivatifs, et les avantages de la civilisation
ne s'obtiennent qu'au prix de ses inconvénients. »

Ma conviction est (comme celle des auteurs de
la *Note*) qu'on peut revenir aujourd'hui sans
conteste aux termes de l'article 4 du décret du
24 juin 1806 , décret qui supprimait toutes les
maisons de jeu établies en trop grand nombre
sur le territoire de l'Empire, mais qui statuait
ainsi pour Paris et certaines villes : « Notre mi-
« nistre de la police fera, pour les lieux où il existe
« des eaux minérales, pendant la saison des eaux
« seulement, et pour la ville de Paris, des règle-
« ments particuliers sur cette partie. » La même
exception existe, en Angleterre, à côté de lois pénales très-sévères, cependant, contre l'institution

en général. On devine par quelles considérations l'empereur avait dû être déterminé en accordant ce privilége à la capitale. Les mêmes motifs s'élèvent aujourd'hui pour justifier la même détermination. Le commerce a besoin du concours des étrangers à Paris, et la police aussi. On les a exilés en Allemagne; ramenez les.

On a vu que 1,500,000 francs seulement étaient appliqués, sur les 5,500,000 francs, aux dépenses de police secrète. C'est assez pour cette spécialité. Mais resteraient les frais d'établissement du ministère, les traitements du service central et extérieur, les bureaux, etc., etc. Or; dans le budget cité plus haut, beaucoup de dépenses ont disparu. L'Arc-de-Triomphe, la Madeleine, l'hospice des Sourds-Muets sont achevés; les secours aux colons ont diminué. Le budget a pourvu à d'autres natures de dépenses. Il resterait donc amplement de quoi suffire à la création et au service annuel du département de la police sur le bail annuel des jeux rétablis, ou plutôt des cercles tolérés.

VIII.

La création d'un ministère de la police sera sans doute l'objet de quelques déclamations ; il faut les prévoir, il faut y répondre d'avance.

Les uns diront que ce ministère est inutile au pouvoir, et d'autres, dangereux pour la liberté publique. Ceux-là supposeront qu'il ne peut exercer qu'une surveillance inactive et illusoire ; ceux-ci allégueront cependant que son action peut devenir assez forte pour arrêter la marche de la Constitution et lui présenter un obstacle invincible.

Sans vouloir concilier ces deux objections qui semblent mutuellement s'exclure, examinons jusqu'à quel point telle dénomination donnée à un ministère peut alarmer, plus ou moins vivement, l'opinion et la liberté.

Dans un gouvernement fondé sur les lois, l'illégalité ne peut être consacrée sous aucun nom, ne peut être essentielle à aucune fonction. L'autorité gouvernementale, en choisissant les mandataires qui doivent agir pour elle, les astreint tous également à ce respect des lois qui est le fondement de sa propre puissance. Qu'importe de quelle main et à quel titre vienne l'action, pourvu que cette action soit légale, c'est-à-dire conforme à la législation générale, ou du moins justifiée par des lois d'exception temporairement établies? Agents d'un chef de gouvernement, responsable lui-même, dans une république constitutionnelle, ils n'ont jamais le droit d'agir arbitrairement. Il est ridicule de supposer que le ministre de la police ne soit pas à cet égard dans la même impuissance que le ministre de l'intérieur ou de la guerre. Le titre ne fait rien ici: il n'emporte aucune différence; si le ministre de la police avait fait arrêter un citoyen, sans le livrer immédiatement aux tribunaux, ou sans être autorisé à le retenir en prison, d'après une loi d'exception constitutionnellement promulguée, il serait dénoncé à l'Assemblée législative.

Rien ne pourrait empêcher qu'il le fût, et il ne trouverait, il ne chercherait certainement aucune excuse dans le titre de ses fonctions. Lorsqu'en Angleterre, la loi de l'*habeas corpus* est suspendue, tous les ministres deviennent ministres de la police dans le sens le plus abusif de ce mot: tous sont armés d'un arbitraire légal, de l'exercice duquel ils ne sont pas même obligés de répondre, lorsque le temps de cet arbitraire a cessé.

Préoccupé des souvenirs du gouvernement impérial, on suppose que les mêmes choses doivent toujours entraîner les mêmes abus. Il semblerait que l'empereur ne fût pour rien dans le despotisme exercé sous son nom, et que l'arbitraire résidât tout entier dans l'organisation mécanique du gouvernement; cela est faux sous tous les rapports. Les préfectures existent encore : un préfet s'aviserait-il de frapper des contributions sur son département, comme l'ont fait plusieurs préfets impériaux? L'absolutisme de l'empereur était quelquefois aidé par ses institutions, et, plus souvent, il leur faisait violence. La nullité du corps législatif sous l'Empire ne tenait pas à sa nature, mais à la compression qu'exerçait le souverain. Cette compression ayant été un seul moment affaiblie, le corps législatif, par l'organe de quelques hommes éloquents et courageux, porta un coup fatal à l'autorité absolue.

Mais lorsque la France est soumise à une Constitution républicaine, jamais l'arbitraire ne peut être ordonné par le pouvoir, il n'en a pas besoin ; il y trouverait moins de secours et d'appui que dans la justice même. D'autre part, si des assemblées librement réunies (car nous finirons par avoir deux Chambres) discutent librement et publiquement, l'arbitraire ne peut se glisser impunément dans l'administration. Quand la police générale n'avait pour contre-poids qu'un corps législatif muet, le ministre de la police pouvait être l'instrument principal de l'esclavage public, et encore, il ne devint tel que lorsqu'au lieu d'une autorité civile avec Fouché, on en fit une autorité militaire avec M. de Rovigo.

D'ailleurs, cette triste supériorité n'appartenait pas essentiellement à ce ministère : elle tenait à la nature du gouvernement. L'empereur aurait pu déléguer à tout autre ministre l'exercice de l'arbitraire. Peu importait qu'un citoyen eût à craindre ou le ministre de la police, ou le conseiller d'État chargé de la préfecture de police, ou le commandant de Paris. Ce qui était funeste, ce qui assurait la servitude publique, c'est qu'il n'y avait nulle part de recours ni de refuge; c'est que, nulle part, une voix libre ne pouvait dénoncer la violence, sous quelque nom qu'elle fût commise. Et que l'on remarque ici une vérité incontestable : en fait d'abus, le remède est dans la publicité. L'arbitraire ne peut agir là où il peut être à chaque instant dénoncé. Du moment que la liberté de la presse est assurée, du moment surtout que des assemblées qui parlent à la nation reçoivent et publient toutes les plaintes, il n'y a pas d'arbitraire possible. Les gouvernements injustes ont soin de s'entourer de silence, c'est la première condition de la tyrannie. Les alarmes que l'on affecterait à l'occasion du ministère de la police n'auront donc aucune réalité, tant que nous conserverons des délibérations libres et publiques.

Mais ce ministère est puissamment utile pour

comprimer les partis dont l'existence est le plus
grand obstacle de l'autorité exécutive et de la liberté publique. Sans parler de l'occupation importante et indirecte que donneront au ministère
de la police les lois de sûreté générale, déjà votées,
ou celles qu'on prépare, il est une autre espèce
de surveillance dont la nécessité tient aux circonstances actuelles, et qui réclame beaucoup de
zèle et d'activité. On dit, en général, que les ministres existants sont trop peu nombreux et trop
surchargés d'attributions et de travaux; et l'on
s'étonnerait de voir détachée, pour être étendue
comme elle doit l'être, une branche d'administration aussi importante! Ne sait-on pas quels im-
menses services peut rendre ce ministère, dût-il
borner ses enquêtes à la connaissance des individus. Mais pourquoi, dira-t-on, cette étude des individus? Pourquoi? Demandez-le à soixante ans
de révolutions, et vous comprendrez qu'il serait
bien surprenant que des secousses si vives n'eussent laissé ni intérêts froissés, ni exaspérations
dangereuses. Nierez-vous qu'il existe une foule
d'individus en hostilité avec l'ordre social qui

tend à se rétablir, et ne reconnaîtrez-vous pas qu'ils doivent être d'autant plus surveillés qu'on ne peut pas les atteindre arbitrairement?

Sans doute le ministère de la police devra perdre son importance lorsque les passions seront calmées, lorsque les souvenirs de désordres encore si récents seront affaiblis, lorsque chacun se sera fait à sa place, et qu'il n'y aura plus ni exaltation ni malveillance. Sous ce rapport, il faut que le ministère de la police travaille à se détruire lui-même. Aujourd'hui il aura à remplir une tâche indispensable, dont le zèle passionné se chargerait à son défaut, et qui serait remplie peut-être dans des intérêts particuliers, au lieu de l'être dans l'intérêt général. Il faut craindre l'exagération des hommes qui demandent à la dénonciation, à la persécution, un excès de sécurité; il faut redouter ces défiances qui suivent les révolutions. Si les individus seuls *surveillaient* les citoyens, si l'exaltation des partis, livrée à elle-même, se croyait permis de renouveler des scènes pareilles à celles du sac des imprimeries Proux et Boulé; si l'autorité ne surveillait pas l'ensemble de l'État, c'est alors que commencerait une inquisition vraiment funeste, exercée par les passions, et ne pouvant l'être que par elles, d'où résulteraient la désolation de l'État et l'affaiblissement du pouvoir qui, seul, ne saurait rien, ne verrait rien et ne serait pas dans le secret des mouvements que l'on prétendrait dirigés dans son intérêt. Que la surveillance générale du gouvernement soit exercée par un mandataire spécial, d'une manière publique et avouée, c'est un gage qu'elle sera légale et modérée, et qu'elle tendra au repos de l'État et à la conciliation des esprits.

Pour bien apprécier la valeur des objections qu'on élèvera contre le rétablissement du ministère de la police, au moment où le pouvoir exécutif l'aura décidé, recherchons ce qu'on a dit autrefois, non pas dans des libelles sans valeur, mais dans des écrits que le nom de leurs auteurs devait faire supposer mieux raisonnés et plus réfléchis. Je viens d'y répondre en thèse générale. Je ne veux pas dédaigner de les réfuter en détail.

M. de Chateaubriand, dans le septième volume

de ses *Mémoires d'Outre-Tombe,* qui est en cours de publication, raconte que le mécontentement du roi Louis XVIII à son égard *venait des chapitres de son livre de la Monarchie selon la Charte, où il s'élevait contre l'établissement d'un ministre de la police générale dans un pays constitutionnel.* (Voyez le *feuilleton* de la *Presse* du 20 septembre 1849.)

M. de Chateaubriand se vante comme un poëte, et c'en était un, rien de plus. Le livre dont il parle n'avait eu, durant quelques instants, qu'un succès de scandale ; il avait été bientôt jugé, réfuté, désavoué. C'était un mélange bizarre de passions contre-révolutionnaires et de sophismes libéraux, qui mécontenta profondément tous les partis. Le roi n'y donna que fort peu d'attention, et la disgrâce de l'auteur n'eut pas pour cause son opinion fort innocente, fort impuissante sur une question administrative ; elle fut décidée par des motifs plus graves. Les arguments de M. de Chateaubriand contre l'institution qu'il attaquait n'étaient pas de nature, d'ailleurs, à étonner et à effrayer le pouvoir. C'était le résumé d'une foule de libelles qui avaient été publiés avant son livre, et plusieurs écrivains distingués (entre autres MM. Guizot et Villemain) en firent prompte justice.

Que disait M. de Chateaubriand (dans son livre de *la Monarchie selon la Charte*)?

Qu'un ministère de la police était incompatible avec une constitution libre, parce qu'il tendait à étouffer l'opinion ou à l'altérer;

Qu'un ministre de la police générale n'était pas à sa place dans une chambre délibérante, parce que les opinions ne seraient plus indépendantes en sa présence;

Que la police levait des impôts illégaux sur les journaux et sur les jeux;

Que la police générale entravait la publicité des débats judiciaires;

Que la police générale n'était d'aucune utilité, puisque des complots avaient éclaté sous ses yeux;

Que non-seulement elle était inconstitutionnelle et inutile, mais qu'elle était dangereuse, parce qu'elle pouvait trahir l'État dont elle possédait les secrets; parce qu'elle employait des hommes d'une immoralité forcée; parce qu'elle pénétrait

dans l'intérieur des familles, à l'aide de séductions et de corruptions honteuses ; parce qu'elle
pouvait cacher une véritable conspiration qu'elle
ferait à son profit, sous des combinaisons factices
et provoquées, découvertes tout à point pour relever son crédit ;

Enfin, que la police ne faisait qu'un double emploi superflu avec la justice.

A cela on répondait avec raison, dès lors, à M. de
Chateaubriand :

Qu'il n'y avait dans la Charte, ni dans aucune
des institutions de la monarchie constitutionnelle,
de principe exclusif d'un ministère quelconque ;
que la responsabilité autorisait et couvrait tous
les moyens d'action que la prérogative jugeait convenable d'employer ; et que, en fait, après vingt-
cinq ans de révolutions, et surtout d'émigration
qui remettait en présence des partis acharnés l'un
contre l'autre, la nécessité d'un ministère de la
police était plus évidente que jamais ;

Que c'était insulter les Chambres de supposer
que la présence du ministre de la police sur leurs
bancs gênerait l'expression de leur pensée ; qu'au

contraire, le ministre puisait dans leurs débats la connaissance des vœux du pays, pour y coordonner son action, et que, dans tous les cas, ce n'était pas sur l'opinion libre des pairs et députés que sa surveillance avait à s'exercer;

Que la police ne percevait point d'impôts illégaux, puisque les redevances dont on voulait parler (celle des jeux) étaient volontaires et le prix de tolérances consacrées par une loi, et qu'on s'étonnait de voir les défenseurs de la propriété si économes de l'argent des joueurs qui dégrevait d'autant les charges des contribuables;

Qu'il était insensé de prétendre que la police entravait la *publicité* des débats judiciaires (qui n'avait jamais cessé d'être complète), parce qu'on avait pu profiter du droit de censure pour empêcher dans les journaux la *publication* de procès scandaleux;

Que M. de Chateaubriand avait mauvaise grâce de contester l'utilité d'une police générale quand son parti en entretenait trois ou quatre (à l'une desquelles lui-même n'était pas étranger); qu'en effet, la police générale était incommode pour toutes ces polices particulières; que si un complot avait éclaté, celui de Lyon et de Grenoble, c'est qu'il était le résultat de manœuvres provocatrices des autorités militaires locales qui s'étaient donné le facile plaisir de le créer pour avoir l'honneur peu dangereux de le combattre; que dix autres avaient été découverts et prévenus; et que la principale utilité de la police, c'était la surveillance des sociétés secrètes contre-révolutionnaires dont les amis de de M. de Chateaubriand avaient couvert la France;

Que c'était absurde de représenter un ministre de l'État, conspirant contre l'État; et que, pour ce qui concerne l'intérieur des familles, la police, qui n'y intervenait qu'à leur prière, y portait toujours la consolation, l'harmonie, et servait, le plus souvent, à prévenir des scandales judiciaires dont ces familles auraient eu à rougir et à souffrir.

Écoutez le sage Fontenelle, décrivant la police, comme il la comprenait, comme je l'ai définie dans ce *Mémoire :* « Ignorer ce qu'il vaut mieux ignorer
« que punir, et ne punir que rarement et utile-
« ment ; pénétrer, par des conduits souterrains,
« dans l'intérieur des familles, et leur garder les

« secrets qu'elles n'ont pas confiés, tant qu'il n'est
« pas nécessaire d'en faire usage ; être présent
« partout sans être vu ; enfin, mouvoir ou arrêter
« à son gré une multitude immense et tumul-
« tueuse, et être l'âme toujours agissante et pres-
« que inconnue de ce grand corps ; voilà quelles
« sont, en général, les fonctions du magistrat de
« la police. »

On voit que Fontenelle ne considérait la police
ni comme inconstitutionnelle, ni comme immorale, ni comme inutile, ni comme dangereuse !

Quant à la confusion que M. de Chateaubriand
voulait établir entre la police et la justice, je ren-
voie au paragraphe V de ce *Mémoire*, où j'ai traité
la question, en principe comme en fait.

Les autres publications relatives au ministère
de la police générale et à son action, pâles reflets
du livre de M. de Chateaubriand, n'ont rien ajouté
à son argumentation. M. Aignan, rédacteur de la
Minerve, a écrit sous la dictée des passions qui
inspiraient ce recueil périodique. M. B....,
agent destitué, a récriminé contre la police qui ne
l'employait plus, parce qu'il l'avait servie avec

trop de zèle. M. P....., archiviste de la police, a pris copie de vieux papiers confiés à sa garde, et a compilé six volumes indigestes qui n'ont eu d'autre mérite que de fournir à l'auteur de *Monte-Cristo* l'idée première de son livre. Des agents subalternes, mis à la retraite, ont publié, le premier, sous le titre de la *Police dévoilée*, les autres sous le titre de *Livre Noir*, d'informes compilations de rapports de valets et de portiers, qui ne renferment pas un mot vrai ni utile.

Un livre remarquable a paru, en 1818, le livre de M. Bérenger, sur la *Justice criminelle.* Il faut le séparer en deux. Une partie n'est que l'œuvre d'un jeune libéral, animé des préventions et des passions du temps ; l'autre est le travail d'un légiste consciencieux, qui a signalé avec autant de raison que d'indignation les vices, les monstruosités de la procédure criminelle. Dans la partie faible de son livre, M. Bérenger a parlé de la police en homme inexpérimenté, et, chemin faisant, il a rejeté un peu sur elle les torts qu'il était en train de reprocher à la justice. L'an dernier, président de la haute cour, il a expié, en les démentant, ces prétendus griefs, et nous l'avons vu réfuter lui-même dans la pratique ses théories et ses accusations. Cela suffit à notre thèse. Ce qui restera du travail de M. Bérenger, c'est la révélation des abus odieux et intolérables de la procédure criminelle en France. Tout le monde les reconnaît depuis 1818, et nous en attendons encore le redressement en 1850. Il est bien temps d'y pourvoir ! Le ministère de la police est supprimé depuis le mois de décembre 1818 ; il y a de cela trente-deux ans, et M. Bérenger peut voir que les abus qu'il dénonçait dans son livre, les attentats contre la liberté individuelle, les détentions préventives si prolongées, subsistent encore. Ce n'était donc pas le tort de la police générale. C'est un grand enseignement pour les peuples que ces rétractations des théoriciens, une fois qu'ils sont parvenus au pouvoir pratique. Les réparations de ce genre n'ont pas manqué dans le cours de nos révolutions.

Faut-il s'arrêter à un article publié, il y a quelques mois, par M. L. Faucher, dans la *Revue des Deux Mondes*, contre le rétablissement du ministère de la police. Hélas ! le talent de M. L. Faucher lui a fait défaut dans cette occasion, parce qu'il écrivait sous l'empire d'une préoccupation personnelle.

S'il faut l'en croire, la restauration du ministère de la police est un *expédient* qui semblera puéril aux hommes versés dans la pratique des affaires. M. L. Faucher préjuge sans mandat l'opinion de quelques-uns de ses amis *versés*, en effet, *dans les affaires* depuis vingt ans. Eh bien, il ne les a pas consultés ou il les a mal compris ; car c'est la *pratique* surtout qui conseille aujourd'hui de recourir à l'institution qu'il combat.

M. Léon Faucher n'a-t-il pas plutôt trahi le secret de son opposition dans cette phrase où il se plaint des *matérialistes de la politique*, qui n'imaginent rien de mieux pour *résoudre les difficultés* actuelles que d'*élever entre deux ministères une faible cloison ?* Il regrette le portefeuille de l'intérieur ! Dernièrement encore, du pied des Pyrénées, il tournait vers la rue de Grenelle un regard mélancolique, illuminé d'un reflet d'espérance ! Or, verrait-il, avec plaisir, son portefeuille coupé en deux, ou, comme il dit, une *cloison élevée entre* son cabinet de ministre de l'intérieur et celui d'un ministre de la police? M. Faucher défend son avenir, comme si ce n'était pas son passé même qui prouve l'incompatibilité des attributions qu'on voudrait séparer désormais! Si M. Faucher n'avait pas eu le télégraphe à sa disposition, peut-être serait-il encore ministre! Il comprend donc mal son intérêt, plus mal encore l'intérêt du gouvernement républicain.

Un mot encore; ce n'est plus Fouché ni Talleyrand, « c'est Casimir Périer qu'il nous faut, » dit M. Léon Faucher! Eh bien! nous lui dirons que Casimir Périer songeait à rétablir le ministère de la police, et n'en fut empêché que par une mort prématurée!

Quant à Fouché, contre lequel tant de préventions existent, veut-on savoir comment il entendait la police? Je ne saurais mieux terminer mon travail que par une citation d'une lettre que le duc d'Otrante adressait au duc de Wellington, à une époque où il se détachait du pouvoir. Les mourants politiques disent vrai comme les autres; ils sont désenchantés ; ils sont exempts d'ambition : voici les dernières pensées de cet habile ministre de la police, confiées à un homme considérable qui ne s'était pas laissé prévenir contre lui :

« Tout est changé dans la civilisation ; elle a fait d'heureux progrès, mais elle nous a laissé aussi de nouveaux vices. On ne trouve plus la même soumission : rien n'a plus la même stabilité ; il est survenu des troubles d'un genre nouveau par le choc, auparavant inconnu, des opinions politiques ; et, tandis que la sûreté de l'État et le repos public sont exposés à plus de dangers, la répression a perdu de sa rapidité, et même de sa force, par les garanties accordées à la liberté individuelle. On ne peut plus gouverner les hommes de la même manière.

« Les moyens d'obtenir de l'influence sur le peuple, résultat le plus grand que le gouvernement puisse atteindre, ne sont pas moins altérés. La religion et la morale ne sont plus que de faibles auxiliaires des lois. L'opinion, élément nouveau dans l'ordre social, a acquis tant de force et de puissance, qu'elle est devenue la rivale de l'autorité. L'obéissance, qui a maintenant des droits, fait tous ses efforts pour les défendre. On peut punir la résistance; mais il serait plus habile de la vaincre; quand l'esprit public s'étend, il faut que le gouvernement s'élève; la force peut faire exécuter des ordres, mais le langage du pouvoir n'a plus qu'une faible autorité, s'il n'est aidé de la persuasion et appuyé sur la raison. Pour se faire écouter des partis divers, il faut entrer dans leurs passions, parler à chacun son langage : il n'y a plus d'éloquence générale.

« Avec tant de nouvelles difficultés, la police a besoin de nouveaux ressorts et d'encouragements.

« Il ne s'agit plus aujourd'hui d'épier les mécontentements individuels, ni même les propos téméraires : il y a plus de tolérance dans nos mœurs. La liberté publique est devenue, pour ainsi dire, une nouvelle conscience à laquelle on ne peut pas faire violence; elle sert d'égide à la liberté des opinions. Ce qu'il faut surveiller, c'est la turbulence, c'est l'intrigue, c'est surtout la force.

« De quelles recherches s'occupera donc la police ? De celles des délits et des crimes déterminés par les lois. De quels succès peut-elle s'honorer ? C'est quand elle remonte aux premières causes qui, chaque jour, augmentent les progrès de l'immoralité ; c'est quand elle découvre les plus légers mouvements précurseurs des troubles publics ; quand elle parvient à connaître les besoins du peuple, ses sujets d'inquiétude, ses motifs d'alarmes, ses plaintes secrètes et les mécontentements qui montrent que sa fidélité est déjà ébranlée, et surtout ces symptômes effrayants de la misère et du désespoir, qui, non moins redoutables dans es individus que dans la masse du peuple, portent bientôt les hommes faibles aux crimes et les nations corrompues à la révolte.

« La police est une magistrature politique qui, indépendamment de ses fonctions spéciales, doit concourir par des moyens irréguliers, mais justes, légitimes et bienfaisants, à augmenter la force de tous les ressorts du gouvernement. La marche ostensible de l'autorité met nécessairement des bornes à son action. Les grands objets l'occupent beaucoup, d'autres se perdent dans la foule et lui échappent : tout n'est pas extérieur, tout n'est pas en évidence dans l'ordre social, il y a comme un monde secret au milieu de ce monde public ; l'autorité ordinaire ne peut y pénétrer, les succès sont trop loin de sa main.

« Ce n'est pas là sans doute la police que demandent les factions : il leur faut des délations, des confidences, des notes personnelles, des intrigues, une foule de petits riens qu'elles transforment en affaires. Les facultés de tous les agents de la police suffiraient à peine au mouvement compliqué et clandestin d'une machine telle que la conçoivent les hommes passionnés, et qui ne pourrait servir qu'à perdre des gens de bien et d'honneur et à faire déconsidérer un gouvernement.

« La tranquillité des États ne dépend pas des choses qui n'affectent que les hauts rangs de la société, ou de la disposition d'esprit qu'on y observe : les ambitions qui agitent les grands n'ont aucune influence politique, quand elles ne se lient pas à quelque intérêt populaire ; les intrigues, les conspirations, les révoltes, sont impuissantes et sans effet, quand elles ne sont pas favorisées par l'opinion et soutenues par la coopération effective de la multitude.

« La sécurité du gouvernement tient aux dispositions morales des classes laborieuses dont le peuple se compose, et qui forme la base de l'édifice social. Une bonne police ne juge pas ces dispositions sur des applaudissements que les hommes les plus vils et les plus méchants obtiennent toujours pendant qu'ils ont la puissance.

« La multitude sera perpétuellement calme, si on s'occupe franchement de ses intérêts, si on écarte tout ce qui peut altérer sa confiance, blesser inutilement ses préjugés, corrompre ses habitudes de penser et d'agir, égarer son ignorance et sa crédulité.

« C'est parce qu'on s'était écarté de ces principes, parce qu'une police complaisante et frivole s'était presque exclusivement attachée aux pas des grands, au lieu de s'occuper du peuple, qu'au sein de la prospérité, de l'aisance et de la paix, lorsqu'il n'existait aucun motif apparent d'insurrection, elle ne put arrêter les premiers élans de la Révolution, dont les germes fermentaient depuis quarante ans, sans être aperçus, du moins sans qu'on y mît obstacle.

« Ma doctrine ne pouvait convenir à ceux qui voulaient qu'on fît de la police, non une magistrature qui confondît sous une protection commune tous les partis que la Révolution a fait naître et tous ceux qu'elle a combattus, mais une inquisition où ils pussent faire accueillir leurs dénonciations secrètes et les conspirations qu'ils rêvent sans cesse pour y attirer quelques misérables victimes. »

Ce sont là, on doit en convenir, de saines idées, dont quelques-unes étaient comme des prévisions de ce qui se fait, de ce qui se dit depuis février 1848. Ces idées sont plus praticables aujourd'hui que jamais : nous les recommandons à l'attention du pouvoir.

J'ai retracé, pour ma part, avec toute liberté d'esprit et de conscience les raisons qui me paraissent motiver aujourd'hui la création d'un ministère de la police générale ; j'ai raconté les précédents de cette institution ; j'en ai défini le caractère sous le régime nouveau ; j'ai essayé d'indiquer la législation spéciale dont ce ministère devrait être armé, son organisation, ses relations avec les autres ministères, la séparation ou les rapports à établir entre son action et celle de la justice, les attributions qu'il conviendrait de lui conférer, enfin, les moyens de constituer son budget. Le moment est favorable. Tout le monde fait des vœux et des efforts pour le rétablissement de l'ordre; tout le monde acceptera les garanties que l'ordre trouvera dans cette institution.

POST-SCRIPTUM.

————✦————

1er août 1850.

J'éprouve, au moment où je publie cet écrit, le besoin de répéter qu'il n'a pas de date politique, de date d'intention. Les extraits qui en ont été donnés par plusieurs journaux remontent à près de six mois. La publication actuelle est étrangère aux circonstances au milieu desquelles elle a lieu, c'est-à-dire à la prorogation de l'Assemblée.

Une seule actualité peut se rattacher à cette

œuvre : c'est la proposition faite par **M. Passy**, au nom d'une commission de l'Assemblée législative, de créer, pour l'Algérie, un ministère spécial. M. Passy livre cette pensée aux méditations de ses collègues durant leurs vacances; je leur livre en même temps la mienne. À mes yeux, ces deux institutions sont presque solidaires; car l'une offrirait, par un bon système de colonisation, un débouché, un moyen d'emploi aux passions et aux activités que l'autre s'appliquerait à rechercher. J'aurai peut-être occasion, dans le cours des débats soulevés par ces deux projets, d'ajouter quelques éclaircissements à cette première indication.

La question budgétaire m'y ramènera sans doute forcément; car si les préjugés qui ont aboli la police des jeux, sans détruire la passion du jeu, parviennent encore à écarter l'idée de constituer le budget de la police générale sur ce produit de luxe, il faudra bien chercher ailleurs un expédient financier qui n'excède pas les ressources du Trésor, et alors on pourrait proposer de rattacher au ministère de l'intérieur l'administration de l'Agriculture et du Commerce et la direction des Ponts et chaussées, qui en dépendaient autrefois, expédient qui consisterait à remplacer deux ministères, dont la spécialité est contestable peut-être, par les deux ministères de l'Algérie et de la Police générale, dont l'importance est plus sensible.

Au reste, cette question est trop large pour le cadre d'un *Post-Scriptum*. J'y reviendrai ailleurs. Je me contente ici de la poser, pour bien établir que les obstacles matériels ne doivent être comptés pour rien dans une œuvre de salut public.

A la suite de ce *Mémoire*, je crois devoir présenter, pour en rendre l'idée plus saisissable, la formule du projet de loi qui pourrait la réaliser. Quoique le ministère de la police, créé par une loi de 1796, votée par les deux conseils des Anciens et des Cinq-Cents, n'ait été aboli depuis que par des ordonnances, et qu'il n'ait pas cessé, par conséquent, de faire légalement partie des cadres ministériels, j'admets que, après la révolution de février, et en vue de l'article 66 de la constitution de 1848, il devra être recréé par une loi spéciale.

En voici le projet :

Au nom du Peuple français.

Le Président de la République

Propose à l'Assemblée nationale le *projet de loi* dont la teneur suit, et désigne pour en soutenir la discussion les ministres de la justice et de l'intérieur, assistés de MM.

commissaires du pouvoir exécutif.

Article 1er.

Il est créé un ministère de sûreté publique sous le titre de *ministère de la police générale.*

ARTICLE 2.

Le ministre de la police générale aura les attribut
tions déterminées ci-après, lesquelles seront distraites
de celles dont le ministère de l'intérieur est aujourd'hui
chargé par les lois, décrets et ordonnances qui l'on
constitué et organisé, ou de celles qui sont acquises à
tous autres départements ministériels.

Ces attributions sont ainsi fixées :

L'exécution des lois relatives à la police générale, à
la sûreté et à la tranquillité intérieure de la République;

Pour Paris, la direction supérieure de tous les services attribués à la préfecture de police, et pour les dé-
-partements, celle de l'action des préfets, sous-préfets
et maires, en ce qui concerne la sûreté générale, l'ordre, la surveillance et la suite à donner aux décisions
et instructions qui se rapportent à toutes les attributions
du ministère de la police;

Le service de la gendarmerie mobile de Paris et celui
de la gendarmerie des départements, pour tout ce qui
est relatif au maintien de la tranquillité publique;

La police des prisons, maisons d'arrêt, de justice et
de réclusion;

La répression de la mendicité et du vagabondage;

La surveillance de la haute police infligée par juge-
ments et arrêts;

La préparation et l'exécution des lois d'amnistie ou décrets de grâce, en matière politique;

Les communications télégraphiques et l'administration des lignes;

La surveillance supérieure des divers services qui seront réunis sous le titre de direction de l'assistance publique;

La direction de l'imprimerie et de la librairie, celle des théâtres et des beaux-arts;

L'exécution des règlements qui régissent les bourses de commerce.

ARTICLE 3.

L'organisation centrale du ministère de la police est ainsi fixée :

Le ministre,

Un secrétaire général;

Trois directeurs :

Le directeur de la sûreté générale,

Le directeur des théâtres, de l'imprimerie et de la librairie,

Le directeur de l'assistance publique;

Chaque direction comprenant deux divisions, chaque division trois bureaux.

Le nombre des employés et les traitements seront établis par le ministre dans un projet de règlement que la commission du budget discutera d'urgence, après la promulgation de la présente loi.

ARTICLE 4.

Le service extérieur du ministère de la police se composera :

Du préfet de police, à Paris,

De 5 lieutenants de police,

4 commissaires généraux,

10 commissaires spéciaux dans les départements,

qui exerceront, sous la direction et sous la responsabilité du ministre, les attributions qu'il leur déléguera dans les départements et villes ci-après désignés :

Les 5 lieutenants de police dans les départements du Rhône, du Nord, du Bas-Rhin, de la Haute-Garonne et de la Manche, avec des relations établies dans les départements voisins de leurs résidences;

Les 4 commissaires généraux, dans les villes de Rouen, Saint-Étienne, Limoges et Dijon;

Les 10 commissaires spéciaux, dans celles de Nantes, Bordeaux, Alger, Besançon, Metz, Amiens, Orléans, Brest, Lorient et Nîmes.

Le même projet de règlement indiqué plus haut déterminera les traitements fixes et fonds variables attribués à ces fonctions.

ARTICLE 5.

Le ministre de la police, les lieutenants, commissaires généraux et spéciaux, ont la correspondance avec les autorités constituées de tout ordre, pour les objets du service de sûreté générale et de surveillance.

ARTICLE 6.

Le décret du 3 mars 1810, concernant les prisons d'État, est et demeure complétement aboli.

ARTICLE 7.

L'article 4 du décret du 24 juin 1806, relatif aux jeux tolérés pour Paris et les villes à bains, est remis en vigueur.

L'article 10 de la loi des finances du 18 juillet 1836 est rapporté.

ARTICLE 8.

Les dépenses du ministère de la police, administration centrale, service extraordinaire, fonds secrets et toutes autres, seront imputées sur les versements faits au Trésor, par suite des baux auxquels donnera lieu l'exécution du décret du 24 juin 1806.

Fait à Paris, ce   1850.

www.ingramcontent.com/pod-product-compliance
Ingram Content Group UK Ltd.
Pitfield, Milton Keynes, MK11 3LW, UK
UKHW020159130726
13696UKWH00002B/594